· 별을 만나다 ·
공부방 일기

· 별을 만나다 ·

공부방 일기

김지나 지음

좋은땅

들어가기

2025년 7월,

2008년 4월, 벚꽃이 흐드러지던 계절, 다섯 살 아이를 안고 서른다섯의 엄마가 홀로 시작한 고군분투가 어느덧 17년이라는 시간이 되었다. 나는 그 시간을 마무리하고 새로운 시작을 준비하고 있다.

돌이켜보면 지난 십수 년은 내 모든 것을 쏟아부었던 나날이었다. 그 치열함 덕분이었을까, 나는 늘 최고의 자리를 지킬 수 있었다. 하지만 이제는 그 빛나던 시간을 잠시 멈춰 서서 돌아보고, 다가올 내일을 위한 숨 고르기가 필요하다고 느낀다. 영광스러웠으나 쉼 없는 긴장으로 가득했던 그 정상을 기꺼이 내려놓고, 그 최고점을 기꺼이 내려놓고, 지금은 글쓰기에 몰두하며 늦깎이 대학원 박사과정생으로 나 자신을 탐구하고 배움의 시간을 보내고 있다.

나는 공부방을 선택하는 엄마들의 마음을 잘 안다. 그들이 어떤 희망을 품고, 또 어떤 난관에 부딪힐지도 생생하게 그려진다. 어쩌면 오만일지 모르지만, 공부방에서 최고의 실적을 올리고 누가 이 여정의 승자가 될지는 나는 이제 분명히 안다.

공부방 선생님이라는 이름으로 나는 참 많은 것을 경험했다. 아이들에게는 따뜻한 선생님이었고, 동료 교사들에게는 길을 안내하는 스승이었으며, 때로는 나 자신이 학교 강의실의 열정적인 학생이었다. 개인적인 만족을 넘어, 내가 이끌었던 팀원들의 성장과 그들의 성과에 함께 기뻐했고, 몸담았던 조직의 발전을 위해 기꺼이 내 역량을 바쳤다. 정상에 서면 누구나 그 자리를 놓기 싫은 마음이 자연스러운 일이나, 나는 산에 오르는 궁극적인 목적이 순조로운 하산에 있다고 생각한다. 그래야만 또 다른 산, 또 다른 길이 펼쳐질 테니까.

오랜 세월 충분히 누리고 경험했던 수많은 것들을 그 자리에 내려놓고, 이제 나 자신을 한 단계 더 도약시키기 위한 시간을 보내는 지금. 지난 17년간의 공부방 이야기, 그 모든 것을 이 한 권의 책에 오롯이 담아내고 싶었다.

하루에도 몇 번씩, 스치기 아까울 만큼 소중한 순간들이 찾아들었다. 한글을 전혀 모르고 찾아왔던 1학년 아이가 어느새 글자를 술술 읽어내던 그 벅찬 감동. 시험 점수에 늘 아쉬워하던 3학년 아이가 백 점짜리 시험지를 들고 나를 향해 환히 웃던 모습. 한창 장마철, 깁스를 한 탓에 오고 가기 힘들었던 아이를 우산도 없이 혼자 가게 한 미안함에, 흠뻑 젖어가며 우산을 씌워 차에 태워 집에 데려다주고서야 비로소 마음이 놓이던 그 순간까지. 별것 아닌 일로 아이들과 자존심 싸움을 벌였던 기억, 아이들과 기차를 타고 대학 탐방을 다녀온 설렘, 셀 수 없이 놀이동

산을 드나들면서도 '무얼 더 해줄까' 하며 나의 게으름을 탓했던 시간들까지.

내 배 아파 낳은 아이는 하나지만, 나는 17년 동안 내 자식처럼 귀한 아이들과 함께했다. 수많은 아이들 속에서 살다 보니 정작 하나뿐인 내 아이에게는 어쩌면 무심한 듯했을지도 모른다. 다 자라 스물이 넘은 아이와 가끔 지난 이야기를 나누다 보면, 그때는 전혀 몰랐던 새로운 이야기들을 알게 되곤 한다.

아이도, 그리고 나도 함께 자랐다. 공부방 선생님이라는 직업은 내게 더할 나위 없는 행운이었다. 귀한 보물 같은 아이들 속에서 나의 꽃다운 청춘을 보냈기 때문이다. 사실 그 시절 내가 정말 꽃다웠는지 거울 한 번 제대로 볼 틈 없이 바쁘게 지냈지만, 아마 그랬을 거라 믿어 본다.

17년간 공부방을 운영하며 나는 매년 틈틈이 다이어리를 썼다. 즐거울 때도, 힘들 때도, 그리고 마음을 다잡아야 할 때마다 끄적였다. 이 책에는 그 수많은 다이어리 속 글들 중 백여덟 개를 골라 담았다. 불교에서는 이를 번뇌라고 하지만, 돌이켜보면 잔잔한 미소를 짓게 하는 찰나의 깨달음이었다.

나의 이 소박한 생각들, 공부방을 하는 엄마들의 고민, 그들의 현명한 선택, 그리고 아이들의 운명, 그 안에서 서로 성장하고 행복해지는 법에 대한 이야기가 담겨 있다.

이 책이 그녀들의 고단함에 위로가 되면 참 좋겠다.

차례

들어가기 — 005

제1부 나만의 길

001	외롭지만 감사하다	— 017
002	믿고 가 보기로 했다	— 018
003	하얀 밥알	— 019
004	참지 말자	— 020
005	위로 음식	— 021
006	기계가 아닌 나로 살아가기	— 022
007	냉정	— 023
008	화장실, 미루지 말자	— 024
009	힘내자 또 들어올 거야	— 026
010	원하는 것을 얻는 가장 쉬운 방법	— 027
011	발걸음	— 028
012	별에게	— 029
013	아플 때	— 030
014	잠이 들 핑계	— 032
015	좋은 눈빛을 알아보는 법	— 034
016	엄마의 이름으로, 다시	— 037

제2부 꺾이지 않는 마음

017	나도 그 시험지 갖고 싶다	-041
018	혹시 오늘 그만두는 건 아닐까?	-042
019	보내지 말걸…	-043
020	너는 가지 마라	-044
021	북토크	-045
022	도전	-046
023	자괴감	-047
024	괜찮아, 절대 망하지 않아	-048
025	고장 난 프린터	-049
026	착한 나무도 벼락 맞는다	-050
027	진상	-051
028	총량의 법칙 1	-052
029	총량의 법칙 2	-053

제3부 그래도 난 선생님입니다

030	망설이다	-057
031	만점의 꿈	-058
032	안 잤으면 좋겠다	-060
033	다행이다	-061
034	다른 학원에 가서는 더 잘해야 한다	-062

035	그만둘 때의 미안함	- 063
036	한도 초과	- 064
037	눈 오는 밤, 퇴근길	- 066
038	사춘기	- 068
039	보강	- 070
040	내가 진짜 선생님인 것 같았다	- 072
041	주치의	- 074
042	잘 지내고 있니? 호원아	- 076
043	너만의 속도로 빛날 거야	- 078
044	세 번째 하루	- 080
045	동생이 두 번 세상에 나온 날	- 082
046	배트맨 양말	- 084
047	마음이 마음을 위로한다	- 086
048	학원 소풍	- 088
049	아이들의 선생님	- 091
050	선생님의 고민이 빛이 된 아이	- 092
051	공부방에 오는 아이들이 이렇게 자라면 좋겠다	- 094
052	좋은 선생님 되기	- 095

제4부 밀당

053	엄마에게 말하고 싶다	- 099
054	나빠! 그런데, 그럴 수 있어	- 100

055	위로	- 102
056	아이들이 좋아하는 선생님	- 103
057	신청곡 받는다	- 104
058	간 보기	- 108
059	뽑기하는 날	- 110
060	수고했다, 내일 보자	- 112
061	무서운 아이들	- 114
062	선생님 놀고 싶습니다	- 118
063	남매는 또 싸운다	- 120
064	지는 게임 이기는 게임	- 122
065	다행이다	- 124
066	응, 선생님은 젤리 좋아해	- 126
067	운동장으로	- 129

제5부 학부모 마음 읽기

068	엄마가 좋아하는 말	- 133
069	카페	- 134
070	약속-1	- 136
071	엄마들의 선생님	- 138
072	엄마가 좋아하는 선생님	- 140
073	버티기	- 142
074	약속-2	- 144

075	고정관념	- 146
076	기다림	- 148
077	학부모도 선생님이 궁금하다	- 149
078	어머님, 우리 이제 아이 먼저 이해해 줄까요?	- 150
079	한마디 답도 못했다	- 152
080	잊었던 교육비	- 154
081	헤어질 결심	- 157
082	전화를 받지 말걸	- 158
083	섣부른 판단	- 160

제6부 두 개의 길, 하나의 성장

084	열심히 오시길 바랍니다	- 163
085	무장해제	- 164
086	결심-1	- 166
087	결심-2	- 167
088	귀찮아도 쩨쩨해도	- 168
089	약속-3, 못 지킬 약속	- 170
090	게시판	- 171
091	섭섭해 말기	- 172
092	마지노선	- 173
093	나를 아끼는 용기	- 174
094	어쩌면, 홀가분	- 176

095	주파수 연결	- 177
096	불편한 실적	- 178
097	열정의 서곡	- 180
098	다 함께 살아남는 법?	- 182

제7부 너와 나, 함께 써 내려간 시간

099	걱정도 거짓말	- 185
100	그런데 어쩌면 좋은 선생님이 더 쉬운 것 같다	- 186
101	공부방 하는 엄마의 아이도 자란다	- 187
102	엄마 나이	- 188
103	길을 잃다	- 189
104	책이 내 이마 위로 뚝	- 190
105	이젠 아는데, 그땐 참 속상했다	- 192
106	아이가 엄마를 키운다	- 194
107	깨달음	- 195
108	참, 고맙다	- 196

제1부

나만의 길

001. 외롭지만 감사하다

2022년 5월 7일

미쳐야 산다.
제정신으로는 살기 쉽지 않은 세상.
일에 미치거나
사랑에 미치거나….

나는 일에 미친 것 같다.
일에 미치면 사랑에 미친 것보다 낫다.
최소한 주변 사람을 힘들게 해
나를 떠나게 하지 않을 것이므로.

나는 외롭다. 그래도 감사하다.
이렇게나마 버틸 수 있으니….

외롭지만 감사하다.

002. 믿고 가 보기로 했다

2022년 3월 30일

나서서 힘들어지게 만들지 않기.
나는 그대로 '나'이며,
역할도 한정될 거라 생각하자.

나를 낮추고 드러내지 말자.
그러니 여유를 가지고 나의 일에 공을 들이자.
더 성숙해지는 데에 노력하자.
더 마음이 커지자.
내가 옳다고 생각하는 길을 가면 된다.

그게 뭐 별거라고.
그냥 나는 나! 나대로 살면 돼.
미래가 어떻게 보여.
보이지 않지만
원한다면 도전해야 가 볼 수 있는 곳.

믿고 가 보기로 했다.

003. 하얀 밥알

2008년 6월 14일

　수학 경시대회를 한다고 나를 부감독으로 지명하고 경시대회장으로 출근하라 했다. 입사 3년 차라는 선배 교사와 한 팀을 이뤄 90분의 시험 시간이 끝났다.

　나는 부감독이니 정감독인 선배 교사가 시키는 일을 도우며, 나도 언젠가 정감독이 될 땐 저만큼 포스가 생기겠지.

　주말을 지내고 월요일. 출근을 하니 그 선배도 늦게 출근을 했다. 예쁜 선배의 고운 화장 뒤의 머리카락에 하얀 밥알 몇 알이 덩어리져 달랑달랑 나를 보라 매달려 있었다.

누구나 다 사는 게 힘들구나. 그리고 얼마 뒤
경시대회 고사장에서 위대해 보였던 선배는
육아에 전념하겠다는 말을 남기고
회사를 관뒀다.

자괴감이었을까?

004. 참지 말자

2021년 3월 13일

2수업도 다 못 마쳤는데
복통으로 아이들을 집에 보내고 말았다.

공부방을 하던 동료 선생님이 전에 다니던 직장으로 돌아가며
아이들이 내게 공부하러 오는 회원이 되었다.

아이들은 선생님이 아파서 쓰러졌다고
엄마에게 말했고, 간호사인 동료샘은
아이들 손에 약을 쥐어 보냈고

정말 씻은 듯 나았다.
아프면 참지 말기.

소중한 아이들과
소중한 학부모와 오래 만나야지!

005. 위로 음식

사람마다 위로 음식이 있다고 한다.

나는
남대문시장 '희락' 갈치조림,
광장시장 '순희네빈대떡 녹두전 고기전'
명동 '명동교자 명동칼국수 고기만두 마늘김치'
대구 '동인찜갈비'이다.

불안한 날이나
울적한 날
달려가서 먹으면 다 나을 것 같다.

006. 기계가 아닌 나로 살아가기

2022년 8월 24일

눈뜨면 기계처럼
아침밥을 짓고, 아이를 데려다주고
집에 와서 그릇을 닦는다.

오늘 일정을 생각하면서
잠시 쭈그려 앉아 있는 시간.
그것도 잠시 몸을 움직여 이를 닦고
출근 준비를 한다.

귀에 닿자마자 바람이 될 이야기를 듣고
수업을 하고 퇴근.
다시 집 청소. 피곤함에 찌든 나.

언제 이렇게 나이가 들었지?
거울 속 나를 잠시 보다 웃는다.
기계처럼 살기 싫어!
잠시 다른 일을 하다 잠이 든다.

007. 냉정

2020년 11월 16일

휴회가 갑자기 나도
괜찮다.

내 인생
진로 방해만
안 되면 된다.

냉정하게 생각하면
좀 덜 다친다.

008. 화장실, 미루지 말자

2021년 3월 3일

수업을 하던 중 갑자기 아랫배가 심하게 땡기는
느낌이 들어 아이들이 좀 빠진 뒤 화장실에 갔다.
일을 보는데 통증은 더 심했고. 일어나 돌아보니
변기가 온통 빨간 물이 가득했다.

아픈 배를 잡고 아이들이 문제를 푸는 동안
검색을 해 보니 아무래도 방광 문제인 것 같았다.
가까운 병원을 검색하다 여성 방광염도
비뇨기과에서 진료를 받아야 한다는 걸 알았다.

수업을 다 마치고 밤새 아픈 아랫배를 잡고
식은땀을 흘리며 날이 새기만 기다리다,
아이 밥을 먹여 등교시킨 후 무겁고 무서운 마음을
이겨 내고 병원으로 차를 몰았다.

'괜찮을 거야. 금방 나을 거야.'

어젠 그 몸으로 수업을 온전히 다 해 놓고
이젠 겁이 나는가 보다.

병원 원장님은 물 많이 마시고, 잠 많이 자고,
화장실 제때 가라고 신신당부했다. 안 그럼 재발할 테고,
그땐 이 정도로 예후가 좋지 않을 수 있다고 했다.
물 많이 마시고, 잠 많이 자고, 화장실 제때 가는 거.
내겐 참 쉽지 않은 일이다.
그래도 보름 동안 잘 지켰더니 빨리 나았다.
그래도 좋은 의사 선생님께 치료받아 감사하다.
운이 좋았다.

그런데 어떻게 수업 중에 물 많이 마시고,
화장실 제때 갈 수 있을까?
하루 종일 머릿속이 예민해질 대로 예민해져
밤에도 차분해지지 않는데. 어떻게 잠을 많이 자나.

요 녀석 내일도 결석하면 안 되는데,
요 녀석 내일은 엎드려 잠자면 안 되는데,
요 녀석 내일은 나눗셈 안 까먹고 와야 하는데….

009. 힘내자 또 들어올 거야

2022년 11월 15일

중학생이 많으면 자연스레 초등이 줄어든다.
갑자기 휴회가 왕창 날 때도 있다.
하루에 세 명이 관둔다는 통보를 받기도 한다.

그렇다고 망하지 않아.
내가 망할 일을 하지 않는다면.

힘내자!
또 들어올 거야.

010. 원하는 것을 얻는 가장 쉬운 방법

2020년 8월 20일

중요한 하나를 두고

나머지를 포기하면

원하는 것을 얻을 수 있다.

011. 발걸음

자기 삶을 산다는 것.
가까이에서 어떤 충동질을 해도
결심한 길을 뚜벅뚜벅 간다는 것.

내게 주어진 총명한 시간이 얼마일지 모르나.
소진만 하지 말고 채우며 살아가기로 하자.
다른 이의 말 한마디에 나를 소진시키지도 말자.

그는 그의 일을 할 뿐.
그 또한 그렇게 살고 싶은 건 아니겠지.
그래도 해야 하니까 그러겠지.

그러니!
나도 내 할 일을
그래야 하는 충분한 이유가 있는
내 할 일을 향해 걷는 거야!

012. 별에게

나를 괴롭히는 것들에 대해
이 갈지 말기.

대신

내 마음속 작은 별이
제자리에 있는지
너무 무서워 달아나지 않았는지
살펴 주기.

별에게 칭찬하고 응원해 주기.

013. 아플 때

두 번째 책을 내고 나서
한 차례 끔찍하게 아픈 적이 있다.
꿈쩍할 수 없다는 게 이런 거구나.

극심한 통증으로 앉기도 서기도 어려웠다.
단기간에 두 권의 책을 내고,
두 번째 책은 내 전문성을 세상에 부끄럽지 않게
내어야 하는 나만의 책임감으로,
허리에 무리가 된 탓에 움직이지 못하는 몸으로
월요일 아침을 맞아야 하는 암담한 현실이었다.

학부모님께 소상하고 정중하게 상황을 설명하고
하루 휴강을 했다.

15년 단 한 번도 없던 사건이라서일까?
문자를 넣은 즉시 우르르 도착하는 걱정과 위로,
그리고 응원의 문자가 쏟아졌다.

힘을 내야 하는 직업이다.
그 뒤로 오랫동안
병원 치료와 약과의 동행이었지만,
그날 힘을 낼 수 있었던 건

내가 혼자가 아니라는 거.

이 일이 외로운 길이 아니었다는 것을 알게 한
학부모들의 문자 덕분이라는 사실을
나는 알게 되었다.

014. 잠이 들 핑계

그가 올까?

며칠 전까지
현관문을 열고 들어오던
그가
혹시 오늘은 올까?
현관을 바라보며
쪼그리고 앉아 있다.

새벽 다섯 시.
아이 엄마는 그제야
그가 이젠 오지 못한다고
영영 이별인걸, 알면서 알았으면서
기다리고 기다리다….

갑자기 남편을 떠나보낸 아이 엄마는
아이 자는 이불을 같이 덮고 눈을 붙인다.

자는 것도 미안해 잠을 미루다,
오늘도 수업에 달려올 아이들을 생각하며
핑계를 만들어 잠이 든다.

015. 좋은 눈빛을 알아보는 법

사람은 누군가의 눈빛으로 성장하는 것 같다.
물론 누군가가 있어야만
내 길을 가는 것은 아니지만,
결국 그 결과물이 누군가에게 쓰이고
그에게 빛이 되는 것을 바라볼 수 있는 것.
그 자체도 또한 나를 바라봐 주는
누군가의 눈빛이기 때문이다.

서로에게 빛이 되는 하루를 살아갈 수 있는
삶이 주어졌다는 것이 감사함이니까….

주변에는 많은 종류의 사람이 있다.
나를 응원해 주는 많은 사람들.

묵묵히 바라봐 주며
따뜻한 라테 한 잔으로
"너 정말 응원해."라고

따뜻한 눈빛을 보내 주는 사람도 있고,
"나만 믿고 따라와."라는
강력한 동기를 부여해 주는 사람도 만날 수 있다.
비단 실체가 있는 사람이 아니라 하더라도
그의 존재를 알게 된다.

그런데 누군가의 눈빛은
부족하기만 한 나란 존재를 시기할 수도 있다.
그런 사람들은 그들 나름의 기준이 있는 걸까?

가끔 생각을 해 볼 때도 있지만
결국 그건 시간 낭비로 이어질 뿐이라는 생각이 들고,
빨리 떨쳐 버리려고 하던 일에 더 매진하게 된다.

누가 나를 응원하는지
누가 나를 시기하는지
누가 나를 이끌어 주는지
누가 내 앞을 가로막는지
알아채는 눈을 가져야 한다.

지식의 눈,
마음의 눈이 그들을 가릴 수 있고,
나를 더욱 건강하게 성장시킬 수 있다.

꾸준히 나를 지켜 나가는 힘은
좋은 지식을 내게 지속적으로 불어넣어 주고
좋은 사람들을 만나 좋은 말을 나누는 것인 것 같다.

내가 바라보는 곳으로
한 걸음 한 걸음 묵묵하게, 담담하게, 걸어가다 보면
언젠가 좋은 사람들이
나를 발견하고 내 손을 잡아 준다.

그들과 함께 가면 된다.

016. 엄마의 이름으로, 다시

안심을 하면 무슨 안 좋은 일이라도 일어날까,
좋은 일이 있다고 맘 놓고 웃으면
나쁜 기운이 시샘을 할까.
나는 늘 조심하고 늘 주의를 한다.

싱글맘 더 강해지자.
네가 그러니까
그들이 너의 약한 마음을 이용하는 거야.

너만큼 단단하게 버티는 거 쉽지 않아.
아마 그들은 못 할걸?

제2부

꺾이지 않는 마음

017. 나도 그 시험지 갖고 싶다

2008년 6월 16일

7월 2일 기말고사를 본다고 한다.
아직 한 학기도 가르쳐 보지 못해서
무얼 준비해야 할지 도무지 모르겠다.

선배들은 지점에서 뭔가 중요한 시험지들을 함께 모아
복사하고 나누는데 나는 차마 그게 뭔지 묻지를 못하겠다.

나도 그 시험지 갖고 싶다.
나도 그거 한 장 주면 좋겠다.

018. 혹시 오늘 그만두는 건 아닐까?

2008년 10월 15일

4월 공부방 오픈 후 첫 회원인 쌍둥이가 10월인데
벌써 그만둔단다.
다른 동네로 이사를 가는 거니 붙잡을 순 없지만
첫 회원이 그만둔다는 말이 이렇게 빠를 줄
상상도 못 했다.

쌍둥이들이 수업 시간에 조금만 늦게 와도
나는 복도 난간에 매달려
학교에서 공부방으로 오는 골목길을 계속 바라보았다.

'혹시 오늘 그만두는 건 아닐까?'

애들이 제시간에만 공부하러 와도 정말 좋겠다.

019. 보내지 말걸…

2008년 7월 2일

애써 만든 가정통신문에 7월, 8월
두 달 동안은 2학기 과정 선행을 공지했더니
주말에 이달만 하고 그만 다닌다고 전화가 왔다.

가정통신문에 문제가 있었나.
보내지 말걸….
그랬다면
오래오래 다녔을까?

020. 너는 가지 마라

2022년 7월 14일

그만둔다는 아이랑 잘 놀던
남은 아이도 따라 떠날까 봐
그만둔다고 말한 그날부터 내내
남은 아이들의 심리를 살폈다.
그래도 가고 싶음 갈 테지만….

그치만 너는 안 갔으면 좋겠다.
너는 가지 마라.
수업 마치고 나가는 아이 뒷모습을 보며
'내일도 와야 할 텐데…'

아무리 강해지려 해도 그게 쉽지 않다.

021. 북토크

2022년 10월 8일

말뿐만이 아니라

진짜 나를 좋아하고 나를 인정하는 사람은
도전하는 나를 진짜 응원해 주는 사람은
그의 마음과 시간을 내어 주는 사람이다.

나도 마찬가지이다.
무엇이든 도전했을 때 나도 그를
열심히 응원해 주고 싶은 사람은
내가 그 사람을 좋아하고 있다는 것이다.

그래서 그 사람이 참 고맙다.
나도 진심으로 다른 사람의 성장을 응원해
줄 수 있는 좋은 사람이 되어야겠다.

내게도 그런 좋은 사람들이 있다는걸….
도전하면서 알게 된다.

022. 도전

어마어마하게 소곤거린다.

'그거 해서 뭐 하게?
안 힘드니?
남들이 뭐랄 거 같아?
그거 한다고 달라지지 않아.
그냥 하던 거나 잘해.'

내 귓가에서 매일매일 엄청 소곤거린다.
그거 못 들은 척하며 계속 가는 거.
그게 쉽지 않다.

그럴 땐 단순해져야 한다.

안 그럼 정말 해 보지 못한 나로 살아가게 되니까.
내가 하고 싶은 거. 그 길을 가는 거.
그것도 참 쉽지 않다.

023. 자괴감

2022년 10월 13일

아이가 결석을 한 것도 아닌데
매일 열심히 공부도 시켰는데
이 녀석
오늘도
어제 복습한 분수계산을 또 까먹었네.

못하는 걸 붙잡고
며칠만 해 주어도
교재는 밀리고
그런데 또 까먹고 다 틀린 학교 시험지를 가져오니….

난 대체 수업을 제대로 하고 있는 걸까?
이럴 땐
공부방 선생님은
자괴감이 든다.

024. 괜찮아, 절대 망하지 않아

2021년 5월 23일

갑자기 회원이 쑥 빠지는 달이 있다.
나도 힘이 쑥 빠진다.
그런데
그렇다고
절대 망하지 않는다.

그럴 땐 힘을 비축하는 달이라 생각하자.
그리고 게시판을 만들면 된다.

내가 필요한 학년,
나한테 오면 좋을 아이들을 떠올리며
희망을 가득 담아
예쁜 전단지를 만들면 된다.

아파트 게시판에 붙이고 오는 걸음에
새로 올 아이들도 따라올 것 같다.

025. 고장 난 프린터

수업하다 갑자기 멈춰 버린 프린터.
내 머릿속도
먹통이 되어 버린 프린터처럼
막막하다.

아이들 풀릴 문제를 뽑아야 하는데,
오늘은 다른 과목으로 대체하는 수밖에….

026. 착한 나무도 벼락 맞는다

착한 나무도 벼락 맞는다.

내가 최선을 다하고
내가 일로써 인정받아도
내가 사는 동네에선
나를 경계하고 나를 싫어하는
누군가가 있다.

나를 오해하고 나를 미워하기도 한다.
내가 잘나갈수록
내가 잘 해낼수록
내가 사는 동네에선
나를 인정하지 않는다.
기대하지도 말아야 한다.

착한 나무도 벼락을 맞는다는 말이 있듯이.

027. 진상

진상들이 꿈에 나올 땐
이그! 진상! 그러면 그만이다.

내 멘탈, 내 마음이
요동치면 지는 거다.

그럴 땐
내 눈앞에 진상을 그리고
가만히 바라보면
그 진상
아무것도 아니다.

단지 불쌍한 존재일 뿐.

028. 총량의 법칙 1

아무리

건강하자.

아무리

일찍 자자.

아무리

편하게 하자.

아무리

즐기며 일하자.

아무리 그렇게 다짐해도

일이 많으면 그럴 수 없다.

029. 총량의 법칙 2

16년을 치열하게 살았으면서도
학생 수가 줄어드니
불안해하는 나.

다른 사람의 열 배의 일을 해냈으면서도
끝까지 그렇게 살고 싶은 걸까?

다른 일을 하면서
학생도 똑같이 많으면
새로 아무것도 이룰 수 없어.

그게 인생이란 걸
깨닫고 있다.

제3부

그래도 난 선생님입니다

030. 망설이다

2009년 1월 26일

새해가 된 지 얼마 안 된 1월인데
지금 초등교재만 하고 있는 2학년 세현이는
6개월째 무료로 한자를 공부하고 있다.

누나와 함께 입회해서 교육비가 부담되어
망설이는 엄마에게 6개월 정도 교재만 구입하시고,
무료로 연습시켜 주겠다고 했기 때문이다.

"어머님, 우리 세현이 6개월 정도 한자 연습도 많이 했고,
문필력도 좋아졌네요.

9월부터 지도를 넣으려고 하는데 괜찮으실까요?"

이 말을 썼다 지웠다. 몇 번을 고쳐 썼다.

031. 만점의 꿈

2008년 9월 10일

중간고사는 2주 정도 준비하고,
기말고사는 3주 정도 준비하기로 했다.
4월에 오픈해 1학기를 지내고 보니
두 번째 학기엔 미리 준비할 것들이 무언지 알겠다.

시험 교재는 처음부터 끝까지 읽어 보고
중요한 것은 동그라미하고
교재 한 권을 제대로 끝내 줘야겠다.

〈쪽지시험 → 암기 → 문제풀이 →
단원학습목표에 중점을 두고 → 오답은 꼼꼼 체크〉

외울 것은 따로 정리해 주고,
두 타임 있는 학년은 다 같이 묶어서
1시간 30분 공부 시켜야겠다.

내일은 문제집을 주문해 두어야겠다.

이번엔 더 잘 준비해서 우리 공부방에서
만점자가 가장 많이 나오게 만들고 싶다.

032. 안 잤으면 좋겠다

2009년 1월 12일

1학년 아정인 아직 한글을 못 떼고 겨울 방학을 맞이했다.
엄마는 아정이 공부를 잘하게 해 달라고
공부방에 등록을 했는데….
아정은 자꾸 피곤한지 오면 꼭 잠을 잔다.

여섯 살 내 아이보다도 몸도 손도 작은 예비 2학년 아정.
오늘은 와서 잠이 오기 전에 받아쓰기 먼저 시켜 줘야지.

문제는 내지 말고 보고 두 번씩 쓰게 해야지.
그리고 띄어쓰기도 꼭 체크해 주어야겠다.

아정이 오늘은 맑은 얼굴로
하나도 안 잤으면 좋겠다.

033. 다행이다

2009년 1월 22일

다행이다.
내 아이가 아직 어려
맞는 옷이 있어 다행이다.

1학년 아이가 공부방 오는 중에 옷에 실수를 하고 말았다.
학교에서 참고 공부방에 와서 해결하려 했는데,
다른 아이들 눈치 못 채게
조용히 욕실로 데려가 씻기고 보송한 옷으로 갈아입혀
주었다.

다행히
공부하느라 눈물도 멈췄다.

034. 다른 학원에 가서는 더 잘해야 한다

2022년 7월 14일

매일 숙제를 낸다고 매일 공부방에 가야 한다고
그게 이젠 귀찮고,
친한 친구가 학원 안 가는 날
자기도 안 가고 싶고,
그 친구 노는 시간에 같이 놀고 싶어서
공부방을 그만 다니는 거 내가 다 아는데.

엄마는 아이를 조금 놀려 주고 싶다며
거짓말을 한다.

내가 다 아는데
잡을 수 없으니
오늘 마지막 날
"다른 학원 가서는 더 잘해야 한다."
등을 토닥여 주며 잘 가라 말해 주었다.

035. 그만둘 때의 미안함

2020년 3월 20일

다니는 내내 힘들이던 아이도
그만둔다고 하면 섭섭하다.
내가 부족한 게 무엇이었는지
아이에게 미안하다.

공부를 빨리하고
같이 이야기 나누어 주고
재밌는 게임도 같이 해 주고 싶지만.

아무리 아이가 예뻐도
공부가 안되면 내 책임을 다하지 못한 것 같아
학부모에 미안하고.

아이가 다른 학원에 가서는
잘했으면 좋겠다.

036. 한도 초과

2012년 12월 6일

'빈아 빨리 자라렴'

빈이네가 지도비를 제때 주는 일이 없다.
지난달도 역시 카드는 '한도 초과'라는 메시지로
빈이네의 가정형편을 말해 주었다.

빈이네는 큰아이, 작은아이 그리고 막내까지
삼 형제인데 큰아이만 꾸준히 공부하고 있다.
둘째와 막내는 온다 해도 지도비를 어찌해야 하나
걱정이지만,
난 빈이네 가정형편이 더 염려가 된다.

그래서 교육비를 결제할 날이 오면
빈이가 가장 먼저 떠오른다.
이달엔 좀 현금 여유가 생기셨을까?

하루빨리
경제 상황이 나아져야 할 텐데….
빈이가 아직 중1인데,
빨리 자랐으면 좋겠다.

착하고 순한 맏형
빈이가 자기 능력을
맘껏 펼칠 수 있는
그런 날이 빨리 왔으면 좋겠다.

037. 눈 오는 밤, 퇴근길

2015년 12월

쌍둥이 남매랑 퇴근길.
눈이 쌓여 미끌거리는 길을
우리 셋은 뽀드득, 뽀드득 눈길을 걸어간다.

늦은 시간 수업이 끝나고 기다려도
부모님이 늦어져 오지 못하시는 어느 날.
퇴근길 아이들을 데리고 집에 데려다주러
공부방을 나섰다.

양손을 하나씩 아이들에게 맡기고
하나둘, 하나둘 미끌미끌한 바닥을 보며
다치지 않을까 살피면서도

아이들 작은 손의 온기를 느끼며 걷는 내가
대견하고 기특하고

그리고 나를 믿고

늦은 시각

매일 공부하러 오는

아이가 대견하고 기특하고….

눈 오는 밤

우리 셋은 그렇게 걸었다.

038. 사춘기

2022년 10월 26일

태권도에 늦는다며
더 해야 하는 공부를 마다하고 달려 나간 준이.

사춘기 5학년 준이를 퇴근하는 길에 보았다.
편의점 앞 벤치에서 후루룩 컵라면을 먹으며
재밌게 게임을 보고 있는 현준이.

'아는 척하면 무안하겠지?'
하며 차로 쓱 지나다가
뒤로 마구마구 후진해 차를 세우고
편의점 삼각김밥을 들고나와

"이거랑 먹어 똥꼬야~"

준이가 쓱 나를 보고 고개를 돌려
다시 후루룩 라면을 먹는다.

1학년 때부터 다닌 현준이가
나는 참 사랑스러운데….
윤석은 좀 컸다고 어른인 척한다.

그래도 그러고 오는 퇴근길이
난 마음이 좋았다.
준이에게
작은 사랑을 줄 수 있어서.

나는 아이들에게 늘
받는 게 많은 것 같다.

039. 보강

집이 먼 아이들에게
보강하자고 부르는 게 나는 미안하다.
그래도 부르면 좋아라 달려와서
공부해 주는 중등 아이들이 이쁘다.

황금 같은 나의 주말 오후를 온전히 바쳐도
아깝지 않은 아이들이 있어 참 좋다.

멀리 사는 아이들이 마음에 걸려
선생님이 태우러 간다고 하니
머쓱해하며 나를 기다리는 아이가 귀엽다.

공부엔 진심이 아니어도
선생님과의 관계가 진심이면 시간이 지나면
공부도 진심이 된다.

옆에 앉혀 운전하면서
"샘도 중학교 때 이게 싫더라
이건 재미없더라,
그런데 이렇게 하니 쉽더라."

아이와 공부방에 도착하는데
괜히 기분이 좋다.

040. 내가 진짜 선생님인 것 같았다

2013년 2월 10일

공부방 4학년 희정이가
교통사고로 크게 다친 일이 있다.
수술을 마치고 안정기에 접어들고도
두 달은 더 입원해야 한다고 했다.

수업료도 내셨는데 아직 2주나 남았는데,
수업이 가능해진 회복 단계에서
일단 교재를 들고 희정이를 만나러 갔다.

병원 편의점엔 없는 간식을 챙겨서
환자가 적은 시간대를 골라 찾아갔다.

그렇게 일주일에 두 번 방문 수업을 해주며
공부 흐름이 끊기지 않게 도와주었다.

한 달 반을 꼬박 일주일에 두 번씩
입원실로 찾아가 수업하며,

희정이랑 더 친해지고
아이 공부도 더는 밀리지 않았다.

수업료는 반밖에 못 받아도,
그 수업료가
온전히 희정이 간식비로 들어갔어도
퇴원 후 밝은 얼굴로
공부방에 다시 다니는
희정이를 볼 수 있었다.

내가 진짜 선생님인 것 같았다.

041. 주치의

아이들은 코피도 자주 난다.
밤을 새워 공부하는 것도 아닌데
아이들은 코피가 자주 난다.
타고난 코피 체질인 아이들은
공부방을 하면서 늘 있었다.

약국에 가면 내가 필요한 것보다
공부방에 비치해 놓을 의약품을 더 많이 담는다.

크기별 밴드는 기본, 살 땐 무조건 대용량이다.

후시딘, 탈지면, 부드러운 물휴지, 타이레놀, 생리통약,
진통제, 요즘 아이들은 생리가 빠른데 생리통도 있다.

순하고 속이 편한 약을 챙겨 놓으면
중학생들에게 인기 만점 의약품 종목이다.
소화제도 꼭 챙긴다.

아이들은 아프면 밖에서 놀다가도
"선생님, 애 다쳤어요!"

처음 보는 친구까지 데려와 나를 찾는다.
나는 우리 아이들의 주치의라 좋다.

042. 잘 지내고 있니? 호원아

어느 날
"학교 친구들이 여기에 많이 다닌다 해서
우리 아이도 부탁드리려고요." 하며
학부모 한 분이 상담을 오셨다.
여기서 전 과목을 다 할 수 있으니 너무 좋다며
우리 아이가 부족해도 잘 부탁한다며 등록하고 가셨고….

수업 첫날, 아이는 친구들과 함께 공부방에 들어왔다.
어머님이 말씀 안 해 주신 아이의 모습.
보청기를 하고 온 아이는 유난히 목소리도 크고
보청기에서 '삑' 하는 소리가 간간이 들렸다.
어머님이 왜 그리 보시면 안다 그랬는지
그때야 알았다. 그래도 다행이었다.

아이가 착하고 말귀도 잘 알아들었다.
부족한 공부는 내가 책임지면 되는 일이니,
이건 내가 전문이니 그만하면 되었다 생각했다.

보청기가 불편해 자주 빼놓는 아이는
내가 말하는 입 모양에 집중했다.
더욱 아이 눈을 보고
내 입 모양을 정확히 하며
아이와 한 시간을 보냈다.

한 문제 한 문제 손가락으로 가리키며 읽어 주며
알겠는지 물어보며 에너지가 두세 배 들 때도 있었다.

이제 다 자라 고등학생이 되었을 아이.

잘 지내고 있니? 호원아.

043. 너만의 속도로 빛날 거야

우리 아이만 왜 공부가 더딜까?
더 잘해 주길 바라며 맡긴 엄마는
돈을 내는 만큼 아이가 따라 주면 좋겠다.

그런데 그건 가르치는 사람 입장도 똑같다.
많든 적든 수업료를 받은 만큼은
어떻게든 해 주고 싶은 심정이다.

그래서 아이를 조이기도 달래기도 하고
숙제를 내어 복습도 시키고
가지고 있던 갖가지 자료를 총동원하기도 한다.
검색해 자료를 찾기도 한다.

이렇게 노력을 기울이다 보면
아이는 조금씩 공부 좀 할 줄 아는 아이가 되어 간다.

동 학년 아이에 비해 이해력이 늦을 수 있는데
우리나라 시험제도는 똑같은 것을 보여 주고

그 결과로 평가를 하기 때문에
아이의 성향에 맞는 수업을 하기도 현실적으로 어렵다.

그래도 변하지 않는 진실은
선생님은 늘 고민하고 있다는 것.

내가 맡은 아이를 잘 가르치려고
늘 고민하고 있다는 사실이다.

044. 세 번째 하루

2010년 11월 15일

밤 열 시.
수업이 끝나 마지막으로 귀가하는 아이에게
안녕 인사를 하고 뒤돌아설 때

12시부터 다시 시작될 나의 일정.

'아이를 재우고 12시부터 일해야지.'

하루의 세 번째 계획을 세우는 시간.

아이를 씻기고
혼자 제 방에서 먹은 도시락을 깨끗이 닦고
내일 학교에 갈 아이를 살피고
아이와 누워
읽어 달라고 가져온 동화책을 읽다
잠깐 잠이 든다.

깜짝 놀라 일어나서
나는 세 번째 하루를 시작한다.

아이들이 두고 간 교재를 정리하고
채점하고
아까 모른다고 했던 문제가 뭐였더라?
한 번 더 확인해 페이지도 접어 둔다.

'내일 다시 한번 설명해 주기.'
노오란 포스트잇을 붙이고

새벽 세 시.
아이 옆으로 가서
고단한 몸을 가벼운 마음으로
눕힌다.

045. 동생이 두 번 세상에 나온 날

2011년 5월 12일

"선생님, 저 엄마가 빨리 집에 오라고 하시는데요."
4학년 수업을 하는 도중 준형이가 손을 들고 말했다.
엄마에게서 문자가 온 것 같았다.
"어! 준형아, 엄마께서 뭐라시는데?"
.
.
"엄마가 아기를 낳으셨다고 빨리 집으로 오래요."
준형이는 바삐 가방을 챙겨 들고 집으로 갔고,
다음 날
가까운 백화점에서 아가용 내의를 포장해
오늘 공부하러 온 준형이에게 들려 보냈다.

일 년 뒤.
"선생님, 저 엄마가 빨리 집에 오라고 하시는데요."
5학년 수업을 하는 도중 준형이가 또 손을 들고 말했다.
"어! 준형아, 무슨 일이야?"

.
.

"엄마가 아기를 낳으셨다고 빨리 집으로 오래요."

"아니, 그 동생은 이제 돌이 되었잖아?"
"선생님, 엄마가 동생을 또 낳으셨어요."

.
.

같이 공부하던 친구들과 나는 모두 축하 박수를 했고 준형이는 오늘도 갓 태어난 동생을 만나러 출발했다.

046. 배트맨 양말

2023년 1월 26일

영하 15도.
눈이 펑펑 쌓인 날.
할아버지께서 태워 주신 차를 타고 달랑달랑 들어온
초2 혁이 맨발에
"혁아, 이 양말 신자."

비닐 포장에 배트맨 캐릭터 양말을 본 혁이가
오른발로 왼발 등을 비비며
"괜찮아요."
"아니 혁아.
맨발로 공부방 올라오는 중에 벌써 발이 빨갛잖아.
어서 신자."
"선생님, 그럼 이거 내일 어떻게 가져와요!"

"아아, 아니,
이거 혁이 그냥 신으라고 선생님이 선물 주는 거야.
여기 봐. 여기 양말이 한 봉지 가득 들어 있지?

이거 다 너희들 거 사다 놓은 거야."

그제야 혁이는 내 옆 의자에 앉아
빨간 발에 양말을 신고 뽀송하게 걸어
숙제를 꺼내 왔다.

통통한 발에 그려진 배트맨이
더 날개를 펼치고 날아다녔다.

047. 마음이 마음을 위로한다

2012년 5월 10일

지은이 엄마의 전화를 받고
저마다 나름의 아픔이 있다는 걸 알았다.
"선생님, 이 말씀을 꼭 드려야 해서요….

지은이가 오늘부터
임지은이 아니고 박지은이 되었어요."

작년 상담에서 앳된 엄마의 모습에
정말 동안이라고 생각했었는데
나중에 알게 되었지만
일찍 지은이를 갖고 결혼도 일찍 했던 거였다.

그런데 이제 재혼을 하게 되어
성을 바꾸어 불러 달라는 말씀에
나는 학생일지와 모든 지은이 이름이 적혀 있는 곳에
새롭게 이름을 붙여 주었다.

아이 마음을 한 번 더 살펴 주고

더 조심하면서도

그런 마음이 아이에게 오히려 불편할까

아무렇지 않게 대해 주었다.

몇 년 뒤 지은이 남동생이 공부방에 입회를 했다.

지은이는 벌써 대학생인데 지우는 이제 초1이니

잊지 않고 동생을 맡겨 준

지은이 엄마의 마음이 고맙고

내게도 위로가 된다.

048. 학원 소풍

2015년 1월 7일

안녕하세요?

추운 날씨에 건강하신지요?

아이들이 기다리던 겨울 방학이 다가옵니다.

부모님들께서는

어떻게 해야 좀 더 알차고 보람찬 방학이 될까?

고민이 많으시겠지요?

공부에 지친 아이들과 함께 바깥 놀이도 하고

부모님의 고민을 하루라도 덜어 드리고도 싶습니다.

아이들도 친구들과 함께 마음껏 뛰어놀 수 있는

즐거운 추억이 될 것입니다.

몇 번을 썼다 지웠다.

학부모님에게 아이들과 놀러 간다는 허락받는 글을 쓰고,

아이들과 한겨울 새벽 7시에 대절한 버스에 오르며

선생님은 아이들 안전벨트 먼저 챙겨 꽁꽁 묶어 놓는다.

가다가 멀미할까 봐 고속도로에 오르기 전

가방에 미리 사 넣어 둔 멀미약을 하나씩 먹이고,
첫 휴게소에 도착해 안 간다는 아이들까지 모두 손잡고
억지로 볼일을 보게 했다.

아이들이 모두 오르면
그제야 선생님도 자리에서 한숨 돌리고 두 시간 남짓 남은
목적지를 향한다.

도착해 한 줄로 세우고 마치 유치원 아가들을 챙기듯
눈을 번득이며 놀이공원에 입장.

미리 짝꿍을 지어 둔 아이끼리 서로 잘 챙기라
신신당부를 한 후,
선생님은 1학년, 2학년 아이들 손을 잡고 엄마가 된다.

밥도 챙겨 주고 중간에 쉬게도 해 주며
아이들이 탈 수 있는 것을 챙겨
아이들과 함께 온 놀이공원을 달린다.
하나라도 더 태워 주려고….

다니다가 공부방 아이들에게 전화로 안전을 확인하느라
선생님은 충전기 두 개는 필수.

"지금 너 몇 개 탔어? 응? 두 개밖에 못 탔다고?
너 선생님이 그쪽으로 갈게. 거기 기다려."
탈 줄 몰라 못 탄 아이들, 줄 서기 무서워 못 탄 아이들,
귀찮다고 카니발만 따라다니는 아이들
휴대폰으로 예약해 주고 가는 길도 알려 준다.

아이들이 하나라도 더 타야 선생님 마음이 행복하다.
만나는 시간에 모두 모이고
무사히 차량에 타고
맛있는 간식을 나눠 주면
선생님은 아이들과 재밌었던 이야기를 나누느라
신이 난다.

하루 종일 힘들었을 텐데
아이들과 재밌게 후룸라이드, 아기 바이킹을 탄 선생님도
오늘 많이 많이 아이가 되어 버렸다.

049. 아이들의 선생님

2022년 11월 10일

약속을 잘 지키는 사람.
자존감이 높은 사람.

몸이 건강해 체력이 남는 사람.
체력이 남아 아이들에게 주고 싶은 만큼
많이 줄 수 있는 사람.

정신이 건강해 마음이 부드러운 사람.
마음이 부드러워 아이들을 잘 이해해 줄
여유가 있는 사람.

아이들의 선생님은 이런 사람이면 좋겠다.

050. 선생님의 고민이 빛이 된 아이

2015년 12월 15일

초3 승민이와 처음 만난 날
"우리 아빠 주민번호는 11222333
우리 엄마 주민번호는 22244444
내 전화번호는 01012383388…
선생님 전화번호 책에 있는 거 내가 다 외워요."

나는 승민이가 머리가 좋은 아이라고 생각했다.
그땐 내 아이도 아가였고 초보 선생님이었으니
아이에 대한 지식도 짧았으니까.

수학 문제를 풀 때 알았다.
승민이가 간단한 연산에만 강하다는 것을.
자신이 관심을 갖는 단순한 수의 나열에만
반응한다는 것을.

국어도 사회도 과학도 수학은 더욱…
승민이의 어린 삶엔 너무도 어려운 숙제였다.

상담할 때
"아이는 보시면 아실 거예요, 선생님."
엄마의 이 말씀이 이젠 어떤 말인지 알지만,
그땐 승민이에 대한 나의 고민이 시작되었다.

자리에 차분히 앉아 있는 연습부터 시작한 승민이가
중학생이 되어 1년이 지난 겨울
"선생님, 저 교육감상 받았어요. 장학금도 받았어요."
승민이가 중학교에 가서 1년을 고생하더니,
2학기에 전교 등수가 100등을 올랐다며
학교에서 상을 받아 왔다.

이제 2학년이 되니 좀 더 빡센 학원에 보내야겠다며
어머님이 승민이를 데리고 나가셨지만,
난 승민이가 더 크게 성장하길 바라며
오랫동안 응원했다.

장하다 승민이. 잘 성장했겠지?
지금은 어른이 되었을 승민이를 그려 본다.

051. 공부방에 오는 아이들이 이렇게 자라면 좋겠다

좋은 음악이 흐르는 곳에서
자신만의 공부에 진심인 아이들.
좋은 것을 좋아할 줄 아는 아이들.
좋은 향을 즐길 줄 아는 아이들.
자기가 가진 것을 자랑하기보다는 나눌 줄 아는 아이들.

이번 시험보단 다음 시험에서
더 자신감이 생겨 있는 아이들.

꽃보다 예쁜 아이들이 함께이니
공부방엔 항상 꽃이 가득이다.

052. 좋은 선생님 되기

2012년 2월 29일

1. 인정해 주기.
2. 칭찬해 주기.
3. 편애하지 말기.
4. 친절하기.
5. 알기 쉽게 가르치기.
6. 아이들 유행에 관심을 가지기.
7. 제시간에 마치기.
8. 약속을 지키기.
9. 실력은 아이가 알아본다는 것 잊지 말기.

선생님도 사람인데 어떻게 완벽해?

그래도 이렇게 하면 좋은 선생님이 된다.

제4부

밀당

053. 엄마에게 말하고 싶다

2022년 10월 13일

와서 잠만 자고
깨우면 다시 자고
이런 학생이 해마다 없는 적이 없지만
결과가 좋을 리가 없다.

엄마에게 말하면
당장 속이 상할 테고
아플 엄마 마음을 생각하면
말이 나오지 않는다.

그런데
이 아이를 감당하기가 힘에 부친다.
배우는 게 가르치는 것보다 힘든 것이 분명하다.
열심히 배워 가는 아이들이
고맙고
배우기 힘들어하는 아이들에게
미안하다.

054. 나빠! 그런데, 그럴 수 있어

2014년 2월 12일

전학 갔다던 민준이와 민서 남매는
여전히 학교에 다닌다.

오래된 낡은 아파트 공부방이라고 의심하는
신축 브랜드 아파트의 학부모.

간신히 몇 달 다니는 동안
숙제도 잘 빠뜨리고 교재도 잘 놓고 오고
그래서 보강을 잡으면 보강에도 오지 않고

그런 어느 날 갑자기 전학을 간단다.
그래서 갑자기 수업료도 환불해 달란다.

그러던 몇 달 후 아이들이 하는 말.
문민서 문민준이랑 같은 반이 되었다고….

우리 민준이, 민서
전학 가지 않았구나.
그만둔다는 말이 불편했나 보다.

나빠! 그런데, 그럴 수 있어.
나한테 미안했나 보다.

055. 위로

2022년 10월 25일

시험이 끝난 날엔
허니콤보랑 엽떡 파티.
나름의 고생들을
치킨과 떡볶이가 위로하는 날.
선생님이 수고했다 말은
1번 '위로'
치킨과 떡볶이 파티는
2번 '위로'

근데 애들에겐 2번이 최고다.

아이들이 저렇게 말이 많은 줄 몰랐다.
쟤들을 다시 어떻게 공부 모드로 만들지….

죽었다.

056. 아이들이 좋아하는 선생님

"선생님, 저 오늘 여기까지만 하고 가면 안 돼요?"
"선생님, 저 이번 주 사회 1단원 시험 본대요."
"선생님, 오늘 보강 안 하면 안 돼요?"

아이들은 자기만 예뻐하고 자기 말만 들어주고
자기가 가고 싶은 시간에 가고 빠지는 건 어쩔 수 없고
다 이유가 있다고 발을 동동 구르며 주장하지.

"안 돼, 오늘만은 없어요. 할 것은 해야 해요."

약속을 지키고 중간을 지키고 공부도 잘하게 만들어야
아이들이 좋아한다.

057. 신청곡 받는다

중2.

집에 가면 엄마 말은 한마디도 듣지 않으려는
엄마에게 눈치를 보게 하는 중2.
사실은 더 관심을 받고 싶어 하는
아이들일지도 모른다.

두 달 전 공부라는 것을 해 보겠다며
엄마를 끌고 온 아이….
같은 반 친구 민경이가 다닌다며
자기도 공부하겠다고 한다.

2년 전 아이들 6학년 말 중학교에 가서
공부시키고 싶다고 전화 상담만 해
저장되었던 번호의 학부모였다.
자신이 언제 전화했었는지도 모른다.

중학생들은 대부분 친구를 따라 공부방에 온다.
잘하는 친구를 따라오기도 하지만

그냥 같이 노는 친구를 따라온다.
중학생쯤 되면 대부분 엄마의 선택보다는
자신의 선택으로 학원을 온다.

아무것도 풀기 싫고 2학년 1학기 기말까지
한 번호로 쭉 찍고도 40점을 맞았다는
우리 승현이, 진영이.
'너희도 시험 잘 보고 싶잖아.'

나는 모든 아이가
시험을 잘 보고 싶어 한다고 확신한다.
다만 그렇게 해 본 적이 초등 3학년까지였거나,
그냥 학원의 힘으로 초등학교 때까지
백 점 맞은 기억이 전부다.

한 문제도 풀지 못했던 자신이
한 달이 지날 무렵부터 자신 있는 문제가 생기고
선생님의 동그라미가 늘어나는 걸 보면서
'나는 수학은 풀 수 있어.'라는 마음을 보여 준다.

수업이 다 끝나고
같이 공부하던 아이들은 집에 갔는데,
몇 명은 좀 더 공부시켜 보내려고
30분을 잡고 있다가 마치려니
그중에서 승현이가 말을 걸었다.

"선생님, 저 처음 왔을 때부터 궁금했던 거.
이게 뭐예요?"
하며 선반에 올려놓았던 블루투스 스피커를 가리켰다.

"어, 이거? 이거 뭔가 한 번 볼까?"
하며 버튼을 누르고 "신청곡 받는다."
했더니 둘이 신이 났다.

"백아 첫사랑요."
이렇게 큰 목소리로 이렇게 살아 있는 모습으로
나를 보며 말한 첫 신청곡이다.

"와, 이 노래 엄청 좋다."
우리 셋은 노래를 따라 부르며 흥얼거리며
한참을 들었다.
스피커에서 흘러나오는 노래에
우리는 소통하는 계기가 되었다.

아이들이 돌아가고 퇴근길,
"언젠가 한 번 컵라면 사 들고
윤석들과 먹으며 음악 들어야겠다."

투덜대고 반항하고 인상 쓰는 얼굴이
빛이 나고 신이 나면 나랑 친해진다.

어느 구석에서 아이들과 소통의 지점을 발견하게 되면
아이들은 공부도 잘하게 된다.

058. 간 보기

오늘은 딱 요만큼만 해 볼까?
선생님의 레이더에 딱 걸린다.

풀라는 교재에 문제 푸는 척,
낙서가 가득하다.
오늘 낙서엔
졸라맨들의 대전이 펼쳐졌다.

교재를 들고 내 자리로 와서
아이를 부른다.
"선생님 앞에서 풀자."

가방에 교재를 넣어 두고도
오늘은 수학을 풀기 싫어서
"선생님, 책 놓고 왔어요."

말할 것 없이 아이 가방에 숨죽이고 있던
교재를 꺼내 아이를 부른다.

"선생님 앞에서 풀자."
감히 간을 보는 거야?
겉으론 무표정
속으로 한참 웃음을 참는다.

059. 뽑기하는 날

2020년 4월 9일

5등 담라캔디
4등 게메즈에낙
3등 씨씨 알약
2등 숙제 면제권
1등 짜짱범벅
솜사탕은 완전 인기.

샤프, 지우개, 연필 이런 건 실망.

뽑기하는 날.
아이들이 뽑을 뽑기판을 놓고
나 혼자 벌써 신이 났다.

숙제 안 해 와도 이렇게 귀여우면
어떡해 지윤아.
30분 뒤 공부방 문을 열고 들어오며
"엄마가 요만큼만 했으면 되었다고

이제 어서 공부방 가라 했어요."
애교 보조개를 선생님은 감당할 수가 없다.

다음엔 꼭 다 해 와야 해 알겠지?
해맑은 웃음을
선생님은 어찌하지 못한다.

옆에 끼고 모르는 거 같이 다 풀고 가는데
왜 하나도 힘이 안 드는 걸까.

060. 수고했다, 내일 보자

가끔 아이들을 집에 태워다 줄 때가 있다.
특별히 비가 많이 오는 날,
특별히 눈이 많이 오는 날이다.

그렇지 않은 날도 있다.
아이와 따로 해야 할 이야기가 있을 때.
아이가 적응하는 것을 돕고 싶을 때.
또 이런 날도 있다.

"선생님, 저는 공부 세 시간 더 할래, 집 갈래?" 하면
"저는 공부 세 시간 더 하는 게 더 나아요."
집이 멀어 집까지 가려면 너무 춥다는 것이다.
버스카드가 있어도 타고 가기 애매하니
아이는 줄곧 걸어 다니는 쪽을 택했던 것 같다.

"버스 타고 가면 되잖아.
귀찮아도 추울 땐 갈아타고라도 버스 타야지." 하면

"버스카드 없어요." 한다.
이런 날은 못 이기는 척,
"그래? 그럼 쌤이 태워 줄게. 쌤 차 타고 가자."

아이는
"쌤, 왜 이렇게 좋은 차 타요?"
무심한 듯 물으면 답하지 않는다.

"앞으로 타. 벨트 하셨나?
신청곡 받습니다."
하며 폰을 아이에게 건넸다.
한 곡이 다 끝나기 전에 집에 다 다다르기 전에
"쌤, 저 다른 곡 듣고 싶어요."
아이가 다시 고른 곡을 들으며
"이거 쌤도 좋아하는 곡이야."

둘이 노래 한 곡이 끝나갈 무렵 작별하고,
"수고했다. 내일 보자."

061. 무서운 아이들

2015년 6월 20일

처음 상담에 동생 시연이만 데리고 온 학부모는
"큰아이는 공부를 제법 해서, 학원에 다녀요.
나중에 시연이가 좀 다니며 적응하면 큰아이도 보낼게요."

시연이는 시키는 대로 열심히 공부하는 아이였다.
적어도 형인 영준이가 오기 전까지는.

몇 달이 지나 6학년 팀에 영준이가 합류했다.
처음엔 영준이도 공부를 좀 하는 모습이었다.
얼마 지나지 않아 영준이는 숙제를 안 해 오고선
두고 왔다 말하고,
가방 안에서 교재를 발견하게 되는 일이 종종 생겼다.
그래도 이때까진 그저 공부하기 싫고 거짓말 좀 하는
6학년 학생이었다.

좀 지나자 6학년 아이들을 하나둘 데리고
밖에서 놀다 늦게 오거나 수업 중 상황을 살펴서

친구들을 선동해 수업 분위기를 흐렸다.

그리고 그 눈빛, 천진한 눈빛이 순간 악한 빛으로 변하며
아이들을 선동해 낄낄거리거나 거들먹거리는 행동을 했다.

'아이가 장난 좀 친 거로 뭘 그래?' 이럴 테니,
나는 차라리 학부모에게 꼬치꼬치 말하지 않는 편이다.

동생 시연이 말로는 집에선 전혀 그렇지 않았고,
대부분의 학부모가 자기 아이에 대해 잘 알지 못하듯
이 학부모 또한 자신의 큰아이가
학교에서 깡패짓이나 하며 아이들을 이끌고 다닌다고
생각하지 않았을 테니 말이다.

얼마 가지 않아 학부모는
두 형제 모두를 그만 다니게 했다.
덕분에 영준이와 같이 공부하던
나의 6학년 회원 몇 명까지도 몰려 나가 버렸다.

그 뒤 영준이는

아이들을 시켜 공부방에 해코지를 했다.

벨을 누르고 문짝을 걷어차고 소리를 지르고

밖에 웅성웅성 몰려 공부방을 올려다보며

무언가 지속적으로 내 신경을 어지럽혔다.

물론 나는 그러면 안 된다고 따끔하게 야단도 쳤다.

그럴 때 돌아오는 야유와 비웃음은

6학년의 그것이 아니었다.

솔직히 겁이 났다.

5학년인 내 아이를 다치게 할까 봐 걱정도 되었다.

어린아이들도 자기가 만만히 보아도 될지 아는가 보다.

제 엄마보다도 젊은 여자 공부방 선생님 따위는

조롱하기에 적당한 먹잇감이었겠지.

아이 아빠가 있었다면 감히 그러지 않을 텐데….

나는 그때 그런 생각까지 했다.

고작 6학년 남자아이 때문에.

저 나쁜 아이들이 빨리 중학생이 되고,
멀리 다른 학교로 가면 좋겠다.
그렇게 생각했다.

얼마 전, 스물이 넘어 다 자란 아이와
요즘 문제가 되는 교권 추락으로
명을 달리한 초등학교 선생님의 뉴스를 접하다,
엄마도 그런 적 있는데… 하니, 아이가 말했다.

"응, 엄마 나도 그거 알아.
그 자식 나한테 따라오라고 까불길래,
내가 운동장에서 꼼짝 못 하게 한 방 까 줬어."

성년이 지난 아이 말을 듣는 순간 그때가 떠올랐다.
그리고 그렇게 내 눈앞에 안 보였음 하던 그 아이가
갑자기 사라졌던 이유도 알게 되었다.

062. 선생님 놀고 싶습니다

대체 휴일이면 날짜 따져 보강 안 하는지
물어보는 학부모가 있다.
물론 아이는 놀아서 마냥 좋다.
아마 하루 더 쉰다고 하면 만세를 부를 것이 분명하다.

"어머님, 어머님은 대체 휴일에 출근하시는지요?"
"아버님, 아버님은 대체 휴일에 쉬면
월급이 면제되시는지요?"
이렇게 묻고 싶은 심정일 때도 있지만,

"아, 어머님, 그날은 공부방 쉬고요.
혹시 부족한 부분이 있으면 평일에 좀 더 보충하거나
과제로 내어 드리겠습니다."
이렇게 모범답안을 드린다.

이게 모범답안이 아닐 수도 있다.

"내일은 대체 휴일이지만
공부방은 수업을 합니다."라는 말이 원하는 답안이고,

내일 쉬면 수업료 아깝다는 생각을 할지도 모른다.
알면서도 눈을 꾹 감고 '저도 쉽니다' 말한다.

솔직히 말하면 이삼 년 전까지 이렇게 했던 게 사실이다.

지금도 아이들 시험 기간엔
주말을 고스란히 내어 보강을 해 주지만,
부모님이 쉬는 날엔 나도 쉬어야
내 삶을 사랑할 수 있게 된다는 걸 이젠 안다.

063. 남매는 또 싸운다

어머님.
두 아가들이 어제부터 숙제를 놓고 오고
오늘은 입구부터 서로 책임지라고 싸웁니다.
오늘도 놓고 왔네요.

선생님…
숙제뿐 아니라, 다른 것들로도 자주 싸워요….
숙제는 단단히 말해 뒀어요.
죄송하고 감사합니다!!

아가들은 초1, 초2 연년생 남매인데
둘 다 이틀째 교재 가방도 없이
달랑달랑 공부방 오고 말았다는.

오는 내내 둘이 서로 얼마나 싸우며 왔을까?
생각만 해도 귀엽고 웃음이 나지만

공부방 현관에서 싸우느라

못 들어오고 있는 아이들에게

도끼눈을 뜨고 따로 떨어져 앉혀 놓았다.

그제서야 조용.

공부 모드.

064. 지는 게임 이기는 게임

오늘 공부하러 온 준현이의 기분 상태가 어떤지에 따라
게임의 단계가 달라진다.

1. 공부방 가방을 챙겨 왔는지를 살핀다.
가방이 들려져 있을 땐 공부할 마음 준비가
35퍼센트는 장착되어 있는 거다.

2. 혹시라도 빈손으로 들어왔다면
일단 오늘 공부할 교재가 어느 정도 있는지
책꽂이를 살펴본다.
오늘 공부에 지장이 없을 만큼의 교재가 스캔되면
굳이 어떤 말도 시간 낭비다.

3. 오늘 공부 분량을 미리 체크해 주어야
추후에 불만이 없다.

4. 분량의 공부가 끝나면 다 이해하지 못했더라도
절대 욕심을 내면 안 된다.

5. 내일은 교재 잘 챙겨 오라고 당부하고
기분 좋게 귀가시킨다.

이렇게 하면 〈이기는 게임〉이다.

065. 다행이다

2015년 11월 20일

초등학생인데도 거친 아이들이 있었다.
골목에서 담배 꽤나 핀다는 6학년 몇 명이
공부방에 다녔다.
물론 처음 다닐 땐 그런 아이들이 아니었는데,
친구라고 데리고 온 주영이가 다니고부터는
아이 몇 명이 변하기 시작했다.
벨튀를 하고, 복도 현관을 발로 차고,
바깥쪽 방충망을 찢고,
아이 방 창문을 치고 달아나고.

내가 어려선지 아이가 어려선지 이유는 모르지만,
그땐 6학년 아이들이지만 겁이 났다.

밤길 운동을 하고 올 때도 지름길을 놔두고,
밝고 넓은 길로 돌아서 왔다.
아이가 올 시간엔 수업 중인데도 걱정이 되어 불안했다.

지금 같으면 따끔하게 야단을 쳐도
아이들이 우습게 보지 않았을 테지만
그땐 6학년 남자아이들 눈엔
내가 초라하고 우습게 보였었던 것 같다.

그 아이들이 중학교에 들어가고
잘사는 집 엄마들은 잘난 내 아이 좋은 환경에서
공부시키겠다고 큰 학원으로 데리고 갔다.

나는 그 뒤로 숨을 쉴 수가 있었다.

돈 때문에 선생님이라는 책임감 때문에
아이들을 그만두게 하질 못했던 선생님은 숨을 쉬며
수업을 할 수 있게 되었다.

066. 응, 선생님은 젤리 좋아해

"선생님, 뭐 좋아하세요?"
이달까지 하고 그만 다닌다는 아이들이 물었다.
나는 힘들게 가르쳐 놓은 아이들이
나가는 생각하면 마음이 무너지는데
아이들은 그만 다니는 게 좋은가 보다.

그럴 거면 왜 나가는 건데?
그냥 선생님하고 더 공부하면 안 돼?
친구들이 다니는 학원에 같이 다니고 싶어?
엄마가 학원에 가서 멋지게 배워 보래?

티 없이 밝게 물어보는 아이들에게
"응, 선생님은 젤리 좋아해."
그랬다.

선생님 안녕하세요!!

그동안 잘 지내셨죠??

중학교 때 선생님께 수업받았던

선생님 제자 남승연 좋은 소식으로

오랜만에 연락드릴 겸 이렇게 카톡 남겨 봅니다. ㅎㅎ

우선 2023년 새해 복 많이 받으시구

올 한 해 행복한 일들만 가득하세요^^

저는 고등학교 생활을 무사히 마치고

충남대학교 중어중문학과에 입학하게 되었습니다.

선생님!! 고등학교 1학년 때

연수랑 선생님 찾아뵙고 용돈도 주시고

죄송한 마음에 더 찾아뵀어야 했는데 죄송해요…ㅠㅠ

나중에 선생님 편한 시간에

연수랑 같이 또 좋은 소식으로 찾아뵙겠습니다…!

아이들 가르치시느라 많이 바쁘실 텐데

이렇게 긴 글 읽어 주셔서 너무 감사드려요 ^^

선생님 항상 행복하세요.

승연아. 선생님 너무 감동했다.

우리 승연이가 학교도 잘 갔네.

네 밝게 웃던 얼굴이 마구마구 떠오른다.

연수랑 같이 보자.

연락 줘서 고마워~

우리 승연이도 새해 건강하구 좋은 일.

그리고 신나는 학교생활 되길 바랄게♥

이런 카톡을 주고받은 저녁 중3 수업 시간….

한 놈은 오늘 하루 째고 싶어~~

사정하다가 와서 한 시간만 공부하기로 하고.

한 녀석은 중학교 때 혼내 가며

공부시켰는데 이젠 새해 인사도 하고,

빠진다고 조른 이놈도 나중엔 이렇게 자라겠지?

067. 운동장으로

현수, 민수, 종헌이.
4학년 우리 친구들이 오늘은 수업에 아직이다.
시간이 되었는데
오늘도 오리걸음을 한 번 하고 싶은 게냐?

단짝 친구들
현수, 민수, 종헌이를 잡으러
선생님은 학교 운동장으로 달린다.

욘석들 아이스크림 하나씩 손에 들려
공부방에 데려와
늦었지만 오늘 할 공부를 시키는데

선생님은 이상하다.
욘석들 때문에 수업이 늦게 끝나는데요.
와서 공부하는 모습이, 이쁘기만 하니….

제5부

학부모 마음 읽기

068. 엄마가 좋아하는 말

2008년 12월 16일

"어머님,
어머님 아이와 똑같은 아이 소개시켜 주세요."

입회 상담을 받으러 온 부모님이
자기 아이 잘 부탁한다며
자기는 소개해 줄 아이들 많다고 말한다.
나도 경험이 없어 아이를 한 번 보고 파악할 수 없는데.

그래도 말한다.
"감사합니다.
그럼, 어머님 아이와 똑같은 아이 소개시켜 주세요."
학부모는 기분이 좋아지고 나의 상담도 잘되었다.

오늘도 한 가지 배운 상담 팁.

얼른 내 아이한테 가 봐야겠다.
상담 시간 내내 제 방 안에서 기다리느라 답답했겠다.

069. 카페

2022년 10월 15일

평일 오전 조용히 혼자 일을 해 보려 들른 카페에서는
들으려 하지 않아도 잘 들리는 말이 있다.
직업 탓일까? 유독 학부모 모임이 눈에 띈다.
그녀들의 이야기 소리가 유독 잘 들린다.

그중엔 항상 대표가 있다. 목소리 큰 그녀.
오늘 커피는 그녀가 쏜 것이 틀림없는 듯하다.
아이를 좀 키워 본 선배 엄마급 되는 그녀의 말에
이구동성으로
"아, 그렇구나."

오늘 이 엄마는 돈 쓴 보람이 있을 것 같다.

그런데 이 한마디
"우리 딸이 이번에 중간고사에서 수학 41점을 맞았는데,
아무래도 내가 가르쳐야겠어."

그러자 새로운 엄마의 목소리가 등장했다.
엄마가 가르치는 거 하지 말고
선생을 이용해서 아이를
움직여야 한다는 말.

그렇게 아이들을 등교시킨 뒤,
엄마들의 본격 업무가 시작된다.
정보 수집.

070. 약속-1

2009년 5월 22일

당장 오겠다고 걸려 온 상담 전화.
학부모는 아이가 많이 부족하다며
걱정이 가득한 목소리였다.

서로 시간을 조정해 만들어 놓은 상담 시간.
다른 일정 다 조정하고 일찍부터 기다린
공부방 선생님은
어떤 대화로 좋은 상담을 만들까를
며칠 전부터 준비했다.

약속한 낮 12시.
약속 시간 10분 전 미리 문자도 보내 놓았다.
'어머님, 오늘 12시 상담 있으십니다.
우리 공부방은 ○○아파트 ○동 ○호입니다.'

12시 10분.
12시 20분.

시간이 흐르고

전화도 받지 않으시는 학부모.

이제 곧 수업이 시작되는데….

기다리다 기다리다가

다 잊고 수업에 바빠진 게….

정말 다행이다.

071. 엄마들의 선생님

"선생님, 이달까지만 공부하려구요."

느닷없고 뜬금없다.
그런데 엄마는 그만두고 싶은 게 아니다.
하소연하고 싶어서 시비를 걸어온다.

내 속으로 낳은 아이도 괜히 속상할 때 엄마한테
시비를 걸고, 나도 짜증 나면 남편한테 시비를 걸듯….

아이가 뭐든 잘해 주면 얼마나 좋을까?
그런데 아이를 탓할 수 없으니
괜히 선생님한테 짜증이 나는 거다.

그럴 때 나도 똑같이 짜증이 난다.
이것도 너무 자주 하면 선생님이라도 짜증이 난다.

그래도 이번 한 번만 꾹 참아 보자.

"어머님, 많이 속상하시죠?"
마음을 만져 주고 위로하고
같이 욕하면 욕도 들어준다.
들어주고 나는 온전히 아이 편이 되어
엄마를 이해시켜 준다.

엄마는 선생님이 부족한 우리 아이 편이 되어 줄 때
상처가 아문다.
엄마 상처를 다독다독해 주면
엄마가 아이를 다시 바라본다.

엄마와 아이가 서로 사이좋으면 공부도 편안해진다.

072. 엄마가 좋아하는 선생님

"우리 아이는 내성적이어서 모르는 거,
말을 안 해서 답답해요."
"진도는 천천히 나가도 좋으니
아이가 모르고 넘어가는 거 없이 해 주면 좋겠어요."

"우리 애는 숙제를 내면 저한테 짜증을 내요.
숙제 안 내주시면 좋겠어요."
"집에서 공부는 안 하고
공부방에서 다 해서 보내 주시면 좋겠어요."

"제발 엉덩이 붙이고 있는 것만 했으면
소원이 없겠어요."

"저는 바라는 것 없어요. 선생님.
우리 애가 여기 다니게만 해 주세요."
….

그 거짓말 진심이세요, 어머님?
이렇게만 해 드리면 되는 거예요, 어머님?

이렇게만 해 주면 엄마는
다른 학원으로 잘 만들어진 아이를 데리고
탐방을 떠난다.

073. 버티기

똑같이 알려 주고 똑같이 찍어 줘도
누구는 맞고 누구는 틀린다.
많이 틀리고 못 따라오는 아이를 더 끼고
열심히 해 주는데….
엄마는 수고했다 말 한마디 없이
다른 데로 가야지, 안 되겠다 한다.

내 노력은 내 시간은 의미 없이 평가절하된다.

엄마의 차가운 말
지금까지 잘 맞은 건 그건 쉬웠었나 보네요.

그땐 쉬웠고 지금은 어려워서 못하는 게 아닌데….
그때도 죽어라 가르치고 지금도 죽어라 가르치는데,
아이가 다른 요인이 무엇인지 찾아보아야 할 일인데….

엄마는 나를 못 믿고 떠나 버린다.

이럴 땐 이 세계가 참 몰인정하다.
이 일이 참 싫어진다.

그렇지만 다음 날 공부방에 가면
나를 보러 달려오는 아이들이 있으니까

또 오늘을 살지.

074. 약속-2

상담 약속을 잡은 날
토요일 오후 1시.
한 시간 전에 상담 준비를 하고
이런저런 체크를 하면서
귀 기울여 들어드려야지.

내 의견을 강요하지 말아야지.
아이 입장과 엄마 입장을 생각해야지.
말 잘 듣고 착한 아이면 좋겠다.
다짐도 기대도 한다.

상담 시간 30분 전
'오늘 상담 일정 있으십니다.'라는 문자도 드리고,
이제 상담 준비 완료!

약속한 1시, 1시 10분, 그리고 1시 20분.
"어머님, 오늘 상담 오시기로 한 공부방이에요."
"아 선생님, 제가 깜빡하고 아이와 도서관에 있네요."
괜찮다며 다음에 다시 연락 주겠다는 말에
"괜찮습니다. 편하신 시간에 다시 상담 잡아 주세요."

생각이 천 갈래, 만 갈래.
섭섭함이 천 개, 만 개.
그래도 화내지 말자. 다 같은 생각으로 살아가진 않아.

또 한 가지,
이런 엄마가 나중에 다시 오는 법은 잘 없다.
그리고 또 한 가지,
이런 엄마가 진득하게 오래 가기도 쉽지 않다.
그러니 어쩌면 잘된 일일지 모른다고

간혹 상상 이상의 아이를 만나게 될 때도 있으니까.
만나지 않는 게 다행일 수도 있어.
혼자 위로하고 마음을 다잡는다.

075. 고정관념

선생님 뭐 전공하셨어요?
수학 가르치는 선생은
수학을 전공했으면 좋겠다는 생각을 하는 것 같다.
수학을 전공하면 국어도, 사회도, 과학도,
그리고 무엇보다 중요한 아이들과의 관계도
잘 해낼 거라 생각한다.

하지만,
아이들이 선생님과 오래오래 공부를 잘해 나가려면
수학 전공한 선생님보다
아이들과의 관계를 중요시하고
아이들을 쥐락펴락하는 호락호락하지 않는
그런 선생님이어야 한다.

아이들의 마음을 읽을 줄 알아
공부 시간이 불편하지 않은 시간이 되도록 만드는
어쩌면 심리학 전공을 하신 선생님이 훨씬 더
필요할지도 모른다.

외국에 나가지 않아도
혼자 영어를 배운 강사가
백만 유튜버, 전국 탑 강사인 거,
어머님도 말해 주면 알겠지만….

그래도 내 아이를 맡아 줄 사람이
수학 전공자이어야만 한다는
엄마의 생각은 바뀌지 않는다.

076. 기다림

아이를 맡기고 자꾸 본전 생각이 나면
공부를 시킬 수 없다.
내 아이가 어떤지 엄마는 알면서도 엄마는 모른다.

한 달을 공부하면 이만큼 잘해야 되는데
학교에서 본 시험지에 전보다는 동그라미가
더 많아져야 하는데….

엄마 마음은 벌써 불안하다.
내가 공부방을 잘못 선택한 건 아닐까?
그럼 빨리 바꿔 줘야 할 텐데….
보낸 지 한 달인데 엄마 마음이 조마조마하다.

돈이 실력을 발휘하려는데
엄마가 자꾸 갈등을 하면
마라톤도 단거리도 아무것도 결승선까지 가질 못한다.
돈이 실력이 될 때까지 기다려 보는 것도 괜찮다.

077. 학부모도 선생님이 궁금하다

초등학교 4학년인데도 왜 샤프펜을 못 쓰게 하는지,
왜 숙제를 이렇게 조금 내는지,
왜 아이를 쪼지 않는지
혼자 속이 터져 죽을 것 같다고도 한다.

학부모는 혼자 생각한다.
선생님이 아이에게 못 당해 내는 건지
우리 아이한테 관심이 없는 건지
그 돈 받고 우리 애 방치하는 거 아닌지
내 돈이 아깝다고 느껴질 때도 있다.

아무 때나 전화해서 하소연이 길어지기도 하고
문득 띡 하고 우두두 소나기가 내린
시험지 사진만 보내오기도 한다.

이럴 땐 이렇게 생각하자. 학부모가 궁금해하는구나.
하지만, 일일이 다 답해 줄 순 없는 일이다.

078. 어머님, 우리 이제 아이 먼저 이해해 줄까요?

매일 숙제를 내도
어떤 엄마는 숙제를 왜 내냐고 하고,
어떤 엄마는 숙제가 너무 적다고 하고,

그런데 나는 다 이해가 된다.
공부방에서 매일 공부를 하는데
숙제까지 내니 엄마는 그걸 또 봐 줄 틈이 없어
학교 숙제, 학원 숙제, 공부방 숙제가 모두
엄마의 숙제가 되어서다.

아이가 숙제를 하러 제 방에 들어가더니
10분도 안 되어 "엄마, 나 숙제 다 했어."
엄마는 아이가 한 시간은 꼼짝 않고
공부하는 모습을 보고 싶은데 말이다.
아이는 집에서 게임도 하고 TV도 보고 싶어서
학원에서 집에 오는 30분 동안 학원 차 안에서 열심히
이 숙제 저 숙제를 해치웠는데.

공부방 선생님은 공부방에서 열심히 공부했으니
복습으로 두세 장 복습용 숙제를 내어준 건데,

한 주에 두 번 가는 학원이야
숙제를 많이 내어주겠지만
매일 오는 공부방은 그렇게 많이 숙제를 내면
다음 날 채점하느라 진도를 못 나갈 수도 있는데.

그럼 숙제로 진도를 나가고
공부방에선 숙제 검사만 해야 할지도 모르는데.

엄마도 나를 이해하겠지
나도 엄마를 이해하듯이.

그런데 우리요, 우리 말이에요.

어머님, 우리 이제 아이 먼저 이해해 줄까요?

079. 한마디 답도 못했다

2011년 2월 28일

일주일 전 잘 가르친다는 소문을 듣고
물어물어 공부방에 찾아오셨다는
학부모를 상담하고
한창 잘나가던 나를 반성하게 되었다.

내게 무료 수업을 하던 며칠을
5분도 엉덩이를 붙이고 앉아 있질 못하던 시영이를
50분 넘게 데리고 공부시키다가
나도 지쳐 실수를 했다.

다른 아이들도 있는데 시간을 만들어
무료 수업을 해 주었지만 엄마는 3일째
전화로 계약 해지 통보를 전해 왔다.

이유는 20문제 연산 세 자리 곱셈에 한 문제가
잘못 채점 되었더라는 것.
틀린 문제에 동그라미를 친 것이다.

집중력이 극단적으로 부족한
아이의 엉덩이 싸움이
더 중요했던 내가

오히려 더욱 집중했어야 하는
채점에 소홀해졌다는 사실에

너무 부끄러워 한마디 답도 못 했다.

080. 잊었던 교육비

2020년 12월 17일

학부모님의 갑작스러운 입금 문자를 보고
나는 이게 뭐지? 왜 이렇게 큰돈을 입금하셨지?
큰일 났다. 다른 곳에 해야 하는 입금을 내게 하셨구나.
수업을 마치고 나서야 전화를 드렸다.

"아버님, 입금 잘못하셨어요. 모르셨죠?"
나는 웃으며 돌려드릴 계좌번호를 물었다.
"선생님, 제가 입금을 맞게 했는지 모르겠습니다."
"네?"
"제가 몇 년 전 입금 못 한 서진이 교육비예요."

아버님은 몇 년 전 갑자기 사업이 어려워져
아이를 공부방에 못 보내실 것 같다고 말씀하셨다.
큰아이가 우리 아이랑 친구이니
그때가 벌써 4년 전 일이었다.

그리고 나는 동생을 벌써 오랫동안 가르치고 있었고,

분명히 중3이 얼마 남지 않았으니
그냥 보내시라고 했고,

그 돈은 이미 내 기억에 없는 터였다.

그리고 동생도 금액에 절반만 받고 있었고.
처음 공부방을 하면서 아가들이었던 두 아이는
내게 내 자식 같은 소중한 아이였다.

그냥 돈 안 받고 가르쳐도 가르쳐 줄 수 있는데,
내 일도 사업인지라 그럴 수는 없는 일이어서
적은 금액이라도 받고 있었다.

"아버님, 저 금액이 얼만지 기억도 없습니다.
그간 제가 아버님께 받은 것들이 훨씬 많은걸요."
거짓말 같지만 사실이었다.

두 아이를 오랫동안 내게 맡겨 주신 것.

단 몇 달의 돈을 못 내셨다 해도
그게 가족이 일어나는 데에 순간의 도움이 되었다면.
그래서 아이들이 그 돈으로
짧은 시간 행복을 느낄 수 있는 순간이 있었다면.

그걸로 충분했다.
그때 내가 한 말이 떠오른다.

"아버님, 제가 그냥 안 받겠다는 거 아닙니다.
아버님이 다시 일어나시면 그때 꼭 주세요.
그러니 지금은 서진이 그냥 보내시는 겁니다."

081. 헤어질 결심

2011년 1월 20일

학부모의 말 한마디에 흔들리지 말자.
나는 나만의 공부방을 만들어 가는 것이 중요해.
내 방침에 맞지 않는다면
내가 모든 것을 맞춰 줄 수는 없다.

두려워 말자. 겁내지 말자.
당당하지 않을 이유가 없다.
휴회는 슬프지만 괴롭지만
억지로 막을 순 없다.

휴회를 두려워 말고 우울해지지 말고 틀에 갇히지 말자.
휴회가 나면 신규를 하면 된다.
발로 뛰자.
움직이면 된다.

-3년 차 풋내기 휴회 맞은 공부방 선생님의 결심-

082. 전화를 받지 말걸

2023년 2월 9일

한참 바쁜 중에 걸려 온 전화 한 통.
"선생님, 통화 괜찮으세요?"
"네, 어머님, 말씀하세요."
"우리 아이들 이달까지만 수업하려구요.
제가 출장도 올핸 없어서
아직 두 아이들 어리니 제가 봐주려구요."

아차, 내가 받지 말아야 할 전화를 받았구나.
수업 중에 이런 전화는 받으면 안 되는건데….

자기 생각엔
빨리 연락을 해야 한다고 생각했겠지만,
수업 중일 게 뻔한 선생님에게
이런 전화를 한다는 건
정말 마음이 좋지 않다.

매일 태권도 학원 차량과 통화하며
시간 맞춰 내려보내느라

책가방도 잠가 주고
아이가 달리다 다칠까
가방도 단단히 잘 메게 해 주어 내려보내고,

아이가 친구들과 놀다 늦게 오면
행여 공부가 부족할까 안절부절못하며
두 아이를 키우듯 가르친 내 마음이
전화를 받는 순간 너덜너덜해져 버렸다.

083. 섣부른 판단

2015년 4월 1일

분명히 두 달만 쉬고 다시 오겠다고
어제까지 내게 말해 놓고
다음 달 교재 신청하겠다는 오늘 내 말에
"선생님, 죄송해요….
좀 더 기다려 주세요."
나는 어제 신청해서 교재가 벌써 찍혔을 텐데….

그냥 두기로 했다.

나중에 오게 되면
내가 한 권 사서 풀린다 치고 공부시키면 되니까.
와도 힘들지만
고민하는 학부모 모습엔 힘이 풀린다.

제6부

두 개의 길, 하나의 성장

084. 열심히 오시길 바랍니다

태어나 한 번도 남에게 무얼 팔아 본 적 없는 나는
영업을 배워야 한다.
학부모 상담을 잘해야 내 회원이 만들어진다.

우리 동네는 영업이 안 먹힌다고
영업사원들이 입을 모아 말하고
전단 붙이는 시간을 아까워한다.

그들을 이해한다.
못 오겠다는 사람들에게 부탁할 마음은 없다.
어차피 내 사업이니까. 내가 움직여야지.
문어발 전단지를 만들어 새벽에 나가기 시작했다.

첫해 그렇게 나는 내 회원을 모으기 시작했고.
지금은 영업사원들이 서로 오려고 한다.
열심히 오시길 바랍니다.

085. 무장해제

2008년 4월 21일

4박 5일 본사 입문 교육을 다녀오니
나를 담당하는 과장이 내 옆에 붙어 앉았다.
엄청 친근한 눈빛이 나는 무장해제 되었다.

과장이 하는 말. 공부방 비치 도서를 마련하라고 한다.
도서? 저 건너편에서 지점장이 지켜보고 있었다.
공부방에 오는 아이들이 읽어야 한다고 했다.

이런저런 전집을 소개해 주고 계산기를 두드리며
총 2,600,000원이고 무이자로 해 주겠다고 했다.
그런데 나는 그렇게 큰돈을 낼 여유가 없다.
그리고 우리 집엔 어차피 5살 아이 책으로 가득 차 있다.

일단 나를 위해 우리 동네에 전단을 해 주고
회원도 많이 모아 준다고 하니 몇 세트만 골라서 샀다.

그런데 나중에야 알았다.
내 수당은 1원도 못 받고 과장 매출로 잡혀 본사 실적이
됐다는 것을.

그렇게 과장은 포상도 받고
본사에서 보내 주는 여행도 갔을까?

내게 전집만 팔고
우리 동네는
회원 모집이 안 된다고 투덜거리던 그녀.

086. 결심-1

2020년 11월 12일

매일 회원 - 그룹별 두 타임을 꼭 하자 :
코로나로 시간이 너무 엉켰다.

회사와 상관없이 내 회원 지키고 잘 관리하자 :
회사가 있는지 없는지 내가 왜 프랜차이즈 공부방을
선택했는지, 지점이 어려워지니 내가 힘이 든다.

나 스스로 풍요로워지는 방법을 연구해 보자.
나를 지치게 하지 말고, 사고를 가두지 말자.
나를 가꾸며 내 인생의 주인공으로 살아 보자.

지점의 교사가 줄고, 지점은 더 기울어져 가고 있다.

하지만, 남자. 나는 남기로 한다.

087. 결심-2

2015년 10월 5일

학부모 관리와 회원 관리.
목소리를 높이거나 화를 내거나
찡그린 모습을 절대로 보이지 말자.

선생님의 표정에 따라
아이들이 달라진다.

진리는 변하지 않는다.

088. 귀찮아도 쩨쩨해도

2012년 2월 15일

시험 볼 때
시험 교재를 아이들에게 사 오라 하면
하세월 사 오질 않는다.
그래서 학부모님께 공구로 구입해 드리는데,
입금일이 고르지 않아 받지 않고
잊어버리는 일이 있다.

그래서 언제부턴가 꼭 체크를 하는 루틴을 만들었다.
구입해서 문제집을 풀다 일주일이 지난 주말 오후
다들 편한 시간 무렵에 이렇게 문자를 드린다.

"안녕하세요, 공부방이에요.
아이들 기말 문제집 교재 대금 입금 확인을 부탁드립니다.
학생 이름이 아닌 경우도 있고, 아직 입금 전이신
경우도 계신 것 같아요.
편하신 시간에 문자로 확인해 주시면 감사하겠습니다.
편하신 오후 되세요."

재촉의 느낌도 잔돈 몇 푼으로
쩨쩨하다는 느낌도 주지 않고
'누가 보내셨는지 제가 몰라서요'라는 어감 역시
불편함이 없다.

하지만 귀찮아도 쩨쩨해도 받아야 한다.

089. 약속-3, 못 지킬 약속

2015년 1월 3일

일에 쫓기지 말자.
시스템 위주로 수업하자.
시간이 맞지 않는 아이는
free class만 가능하다고 말하자.

시간 중복되지 않도록 특히 4~6학년 시간은.
학부모의 말에 흔들릴 것 없이 독자적으로 운영한다.

학부모에게 담대하게 대하자.
사업가의 자세로 일할 것.
대범하게 운영할 것.
강한 어조, 탄력 있고
경쾌하고 상냥하되 선은 확실하게.

해마다 하는 결심.
못 지킬 약속.

090. 게시판

나를 팔고 돌아오는 길….

부디 바랍니다.

나랑 함께해 줄 좋은 아이가
이 게시판 보고 와 주길….

091. 섭섭해 말기

2020년 11월 12일

회사와 상관없이
내 회원 지키고
잘 관리하자.

언제 나를 존중해 주었나?
부속품인 건
어느 기업이나 마찬가지이지만

그래도 사람 사는 것처럼 보이는
이 집단도 어차피 이익집단인걸.

섭섭할 것도
곱씹을 일도 없다.

세상을 사는 건
혼자 가야 하는 길이니까.

092. 마지노선

선 넘지 마라.
우습지만…
그간의 정으로 들어주었다.

당신도 선 넘지 말길.
다음엔 안 봐줄 테니까.

사람이 할 말이 있고
해선 안 되는 말이 있는 거니까.

093. 나를 아끼는 용기

내가 두 번째 책을 낼 즈음,
중학교 아이들 시험까지 겹쳤고
수능 보는 아들 새벽 밥까지….

내 인생 중 피크를 찍을 만큼
시간을 쪼개고 몸을 쓰던 시기가 있었다.

갑자기 허리가 고장 나는 바람에
어쩔 수 없이 채점 교사를 잠깐 고용했다.
내가 내 아이들 채점을 해야 아이들,
공부에 누수가 없이 가르칠 수 있을 거란
고집을 잠시 접어 두어야만 했다.

채점 교사가 온 첫날,
한 아이의 학부모로부터
불만이 섞인 장문의 문자가 도착했다.
아이 기분이 안 좋더라는 의미였다.

즉, 학부모도 내 아이를 다른 사람 손에 맡기는 게
싫다는 거라고 느꼈다.
내가 그동안 내 몸을 아끼지 않으며
아이들을 관리했던 게 내겐 무리가 되었다는 사실.

학원 대부분 이런 시스템인데
공부방이라는 어쩔 수 없는 한계로
나를 무리하게 사용해야만 했던 나 자신에게 미안했다.

결국 두어 달 남짓 더 다니고 아이는 그만 다녔지만,
그렇다고 나를 혹사하며
결국 병이 나서 문을 닫는 일을 하면,
안 되겠다는 생각을 하게 된 계기가 되었다.

휴회가 무섭지만 더 무서운 건,
그게 무서워
나를 아끼지 않는 것이라는 것을 알게 되었다.

나쁘고 속상한 일이 다행이고 좋은 일이 될 때도 있다.

094. 어쩌면, 홀가분

1만 내고
3만큼 가져가려 하는 고객.

얼마든지 들어줄 수 있었고
그 이상 해주려고 늘 애쓰지만
진짜 고객인
아이가 받아 주는 만큼만 가능하다는
믿기지 않지만 믿어야만 하는 현실.

배우는 것보다 가르치는 것이
더 힘들다는 것을 느낄 때마다
아이들이 울 때 떡 하나를 더 주듯,
울지 않아도 주고 또 주려고 애쓴다.

어쩌면,
너무 많이 우는 고객은
떠날 때 반갑기도 하다.

095. 주파수 연결

2011년 9월 7일

내가 지금 어떤 노력을 하고 움직이고 있는가?

내가 아끼고 좋아하는 것.
그것은 상대가 아끼고 좋아하는 것이다.

상대가 아끼고 좋아하는 것에 관심을 가지면
가치가 된다.

상대의 그것에 관심을 갖고 코드를 맞춘다.

눈을 감고 조용히 생각해 보면 알아챌 수 있다.
내가 무엇을 찾고 있는지,
누구와 연결되고 싶은지,
어떤 가치를 만들어내고 싶은지.
그 명확한 기준이 바로 나만의 주파수가 된다.

096. 불편한 실적

2014년 12월 30일

몇 년 전 연말 전체 공지에
당일 110만 원 매출을 올린
교사에게 깜짝 시책이 올라왔다.
99,000원짜리 비타민 샤워기를
상품으로 내어놓았다.

영업국 시책에
주임이 솔선수범해 지점과 영업국에
마중물이 되려고 학부모에게 전집을 권하고
다음 달에 해야 할 매출도 미리 끌어모아
조건을 맞추었다.

내가 답을 잘못했지….
우리 아이가 "엄마, 샤워기 물이 솜사탕 같아요."
한창 말이 이쁠 때인 초1 우리 아이의 표현을
그대로 전달했더니,

한 달 뒤에도 두 달 뒤에도
그리고 5년이 지난 오늘도
국장은
그 이야길 영업국 조회 때마다 써먹었다.

듣기 싫어하는 말이든 아니든
다른 사람을 개조하기 위해 쓰이는
나의 말과 행동.
그리고 실적이 편치 않은 건

왜일까?

097. 열정의 서곡

2011년 12월 5일

"오늘 계약서 쓰고 가세요."
크게 울려 퍼지는 지점장님의 목소리.
늘 그녀의 열정은 대단하다.

나도 저분에게 본사에 부끄럽지 않은
실적을 드려야겠다.

사은품은 음이온기와 안마기
다른 전집과 결합 판매에 사은품도 걸림.
최고 많이 판매한 교사에게
지점장님이 자기 매출수당 드림.
최고 매출자 앞으로 매출 등록할 것임.

이른 시각부터 시작된 조회에
열심히 받아 적어
팀원들에게 독려하는 나의 첫 업무.

충성스러운 교사가 있다는 건,
조직이 잘될 수밖에 없다는 것.

098. 다 함께 살아남는 법?

나는 운이 좋아 회원 수가 많으니까
지점에서 원하는 회원을 어떻게든 두 개 넣어도 괜찮은데,
돈을 벌려면 손해도 감수해야 한다며
조회 때 귀에 딱지가 질 정도로 들었는데….

'네가 버는 돈이 다 네가 번 게 아니니
회사를 위해 지점을 위해
일부는 네가 좀 감당하면 어떻겠니?'
무언의 강요에 그리고 같이 살아온 정에.

회원 수가 적은데도 지점제로 패스를 위해
신규 한 개씩을 찾아 마감에 동참해 주는
선배 선생님들이 고맙고 대단해 보였다.
다음 달에 또 휴회의 고통을 피하려면
회원이 더 들어와야 할 텐데….

오늘은 나보다 요즘 고전하는 선배가 고맙고 걱정된다.

제7부

너와 나,
함께 써 내려간 시간

099. 걱정도 거짓말

2008년 4월 14일

4박 5일 교육에 들어왔다.

애를 떼어 놓고 돈을 벌어 보겠다고,

내 일을 다시 시작해 보겠다고 온 입문 교육이다.

과연 내가 잘 해낼 수 있을까?

아기가 나랑 떨어져서 5일째까지 잘 참고

기다릴 수 있을까?

첫날을 지새우며 못 잘 줄 알았는데.

걱정을 시작한 지 10분도 채 못 되어 잠이 들었다.

100. 그런데 어쩌면 좋은 선생님이 더 쉬운 것 같다

아이를 키우며 공부방을 한다는 것은
내 아이는 알아서 혼자 커야 한다는 진실.
종일 공부방 아이들에게 신경 쓰다 보면
아이 학교 준비물도 밤 10시가 되어서야 알게 된다.

아이도 엄마를 기다리다 기다리다,
깜빡 책상에 엎드려 잠이 들었다가
엄마가 싫어하는 게임을 하다 엄마한테 들킬까,
밖에서 수업하는 엄마 눈치를 살피다 잠이 든다.

수업이 끝나고 엄마가 청소기 돌리는 소리에
최대한 말짱한 모습으로 "엄마 끝났어요?"
나를 꼭 안아 준다.

낮에 수업하는 아이들이 듣고 있는데
화를 낸 내가 너무 미안해 속으로 울었다.

101. 공부방 하는 엄마의 아이도 자란다

2022년 12월 9일

아이는 재수를 하고
엄마는 재수생 엄마를 하고
오늘은 아이 수능성적표가 나오는 날.
오늘은 엄마 대학원 합격자 발표하는 날.

"작년처럼 밀려 안 썼으면 안 밀렸다고 톡 할게, 엄마."
학교 앞에 내려 주고 아이 연락만 기다리는데
그래도 밀려는 안 썼다고 했다.

다행이다.
그제서야 엄마도 합격자 조회를 한다.
아이 진로에 방해가 되기 싫어 아무것도 아닌 일에
조심하게 된다.

오늘은 우리 둘
좋은 시작의 날이 되어 줄 거야.
수고했다.

102. 엄마 나이

아이가 두 살일 땐
엄마도 두 살.

아이가 다섯 살일 땐
엄마도 다섯 살.

아이가 스물이 되니
이제야 엄마도 어른이 된 것 같다.

103. 길을 잃다

엄마, 나 학교에서 시험 봤는데 100점 맞았어.
그래? 시험이 쉬웠나?
엄마, 나 학교에서 시험 봤는데 한 개 틀렸어.
아깝다. 뭐 틀렸나 시험지 좀 가져와 볼래?

엄마, 나 학교에서 시험 봤는데 80점 맞았어.
네 개나 틀렸어?
엄마, 우리 반엔 열 개 틀린 애도 있어.
그런 애랑 비교하면 어떡해?
지난번에도 75점 맞았는데….

아무래도 공부방을 바꿔야겠네. 공부방 선생님도
아이에게 이런 말 하고 싶을 때가 있다.
왜 틀렸어. 좀 꼼꼼히 읽어 보지.
어제도 두 번이나 풀어 줬잖아.

아이의 시험지에 엄마 마음은 길을 잃는다.

104. 책이 내 이마 위로 뚝

아이랑 누워 동화책을 읽었다.
팔베개를 하고 누운 아이는
종일 이 시간을 얼마나 기다렸을까.

엄마를 부르고 싶어도,
엄마에게 요구할 게 있어도,

공부방 엄마는 형아들, 누나들,
그리고 친구들을 가르치느라 바쁘기만 하고
혼자 어찌어찌하다 보니
잘되는 게 없었을 테지.

그래도

엄마가 밤 열 시엔
내가 가져간 동화책 열 권은 읽어 주니까
그 시간을 기다렸겠지.

다섯 권을 채 읽기도 전에
누워서 팔을 높이 들고 책을 읽던
엄마의 목소리가 흐려지고
우리 얼굴 위로 동화책이 뚝 떨어지면
깔깔깔 둘이 웃다가
서로 이마를 호 하고 문지른다.

"엄마, 우리 자자."
내 목을 꼭 끌어안고 잠을 청하는 아이.

오늘도 우리의 하루가 지나간다.

105. 이젠 아는데, 그땐 참 속상했다

2015년 1월 26일

공부방을 하는 엄마는
내 아이도 다른 아이들처럼
엄마가 하라는 공부를
군말 없이 해 줬으면 좋겠다.
아이는 딱 한 과목만 하고
제 방에 들어가 버린다.
지금이라면 더 시켰으면 될 텐데.

일에, 육아에 몸도 맘도 바쁘고 피곤한 엄마는
아이와 실랑이할 에너지가 없었다.
공부방 아이들이 있는데
방에 들어간 아이를 신경 쓸 수 없으니
마음만 닳고 닳아 속만 상한다.

공부방에 친구들은
수학도 더 하고 한자도 하는데
이 녀석은 공부가 이미 싫었나 보다.

지금 생각하면
아이는 엄마가 그 안에서
아이들과 부대끼는

엄마의 지친 모습이
보기 싫었을 수 있다는 생각이 든다.
방문을 닫고 제 방에 들어가도
20평 작은 집에 밖에서 수업하는 엄마,
아이들과 아웅다웅하는 엄마를
온종일 보아야 하는 거….

힘들었을 거다.
이젠 아이를 아는데

그땐 참 속상했다.

106. 아이가 엄마를 키운다

아이가 어릴 땐
나도 어렸으니까.
나도 엄마가 처음이고
나도 서른일곱은 처음이고.

아이가 아플 때 새벽까지 안고 같이 울다
날이 밝기만 기다렸다 병원에 달려가고
아픈 아이는 방에 두고
엄마는 수업을 했다.

서른일곱 아직 어린 엄마는
가슴이 아픈 줄 이제야 알겠다.

어린 엄마가 이제 아프고
어린아이가 이제 미안하다.

107. 깨달음

내가 9년을 가르친 아이는 외고에 합격했는데,
자사고에도 합격했는데,
왜 내 아이는 안 되는 걸까.

이 생각이 밤새 꼬리에 꼬리를 물고
엄마는 결국 아프다.
그 생각을 자꾸 하면 공부방을 못 한다.
공부방으로 성공할 수가 없다.

공부에서 성공한다고
그게 인생에서 성공하는 것은 아니니까.

좋은 인생을 살아가려면
내 아이는 내 아이의 인생이 있다는 것을 인정해야 한다.
그러면 공부방도 성장하고,
내 아이도 성장한다.

108. 참, 고맙다

2019년 4월 10일

엄마가 퇴근할 때까진 전화를 하지 않는 것이
몸에 밴 아이에게 갑자기 전화가 걸려 왔다.
"엄마, 나 좀 많이 다친 것 같아. 다리인데 좀 부었어."
수업 시간에 걸려 오는 아이와 관계된 전화에
나는 늘 가슴이 철렁한다.

아이가 한 번도 학교에서 문제를 일으킨 적이 없지만,
일하는 엄마 마음,
게다가 싱글맘인 엄마는 무슨 일이라도 생긴다면
혼자 감당해야 하는 것들이 전부이기에
자기도 모르게 안심을 하지 않는 습관이 들었나 보다.

수업을 마치고 달려와 아이 상태를 보니
퉁퉁 부은 허벅지에 멍이 들어 있었다.

아무리 빨리 달려와도 8시가 넘어 도착한 엄마는
아이를 차에 태우고 미리 검색해 둔
야간 당직병원을 찾았고,
늦은 밤 엄마는 아이 물리치료가 마치길 기다리고 있었다.

종일 바쁜 일과에 엄마는 지쳤고,
피곤함에 입맛도 잃어 수업을 버티기 위해
먹은 한 조각 김밥에 배도 몹시 고팠을 테지만,

아이가 아플 땐
엄마 마음이 살을 조각조각 내는 듯한 고통으로
아무것도 느낄 수 없는
그저 한 아이의 엄마가 되어 치료를 마치고 나오는
아이를 부축하며 미안함을 달랜다.

엄만 네게 미안한 거 있지….

공부방 일기
별을 만나다

ⓒ 김지나, 2025

초판 1쇄 발행 2025년 9월 16일

지은이　　김지나
펴낸이　　이기봉
편집　　　좋은땅 편집팀
펴낸곳　　도서출판 좋은땅
주소　　　서울특별시 마포구 양화로12길 26 지월드빌딩 (서교동 395-7)
전화　　　02)374-8616~7
팩스　　　02)374-8614
이메일　　gworldbook@naver.com
홈페이지　www.g-world.co.kr

ISBN　979-11-388-4703-2 (03370)

- 가격은 뒤표지에 있습니다.
- 이 책은 저작권법에 의하여 보호를 받는 저작물이므로 무단 전재와 복제를 금합니다.
- 파본은 구입하신 서점에서 교환해 드립니다.